Fond-des-Blancs
et ses grandes
familles traditionnelles

Féraul Maignan
Agronome

Educa Vision Inc.,
7550 NW 47th Avenue
Coconut Creek, FL 33073
Téléphone: 954-968-7433
Fax: 954-970-0330
E-mail: educa@aol.com
Web: www.educavision.com

ISBN 13: 978-1-58432-472-0
ISBN 10: 1-58432-472-4

- ❖   À mon épouse, née Camie Philius;

- ❖   À mes enfants, Marie Jude, Nancy, Geneviève et Muriel;

- ❖   À mes petits-enfants, Raphaël, Justin, Christian, Sébastien, Camy, Gabriella et Noah.

Remerciements

L'auteur tient à présenter ses sincères remerciements à l'ensemble de la population de Fond-des-Blancs qui lui a gracieusement fourni son appui pour la prise de contact des personnes nécessaires dans le cadre de la collecte des informations utiles relatives aux familles.

Ses remerciements vont d'une façon spéciale à Madame Shirley Thébaut Louis Jacques et Mademoiselle Yasmine Léger qui ont alloué une grande partie de leur temps à la préparation du manuscrit.

A mon épouse Camie Philius Maignan pour son encouragement et ses conseils dans la préparation du livre. " Elle fut toujours à mes côtés durant mes fréquents voyages et mes séjours prolongés à Fond-des-Blancs ".

Préambule

L'auteur de cet ouvrage, Monsieur Férauld Maignan, n'est ni un sociologue, ni un anthropologue, encore moins un ethnologue. C'est un ingénieur agronome, un humaniste, un tiers-mondiste qui a passé une partie de sa vie professionnelle au service de son pays, Haiti, et toute une génération, c'est-à-dire, trente ans au service de l'humanité dans le cadre de l'Organisation des Nations Unies pour l'Alimentation et l'Agriculture (FAO), Rome, Italie. Retraité depuis 1994, il continue à mener une vie très active, particulièrement dans le domaine du développement tant au niveau national qu'international. Après sa mission de cinq ans, comme Directeur Général de la Caritas National d'Haiti, ce qui lui a permis de connaître presque tout le pays (Haiti), au niveau géographique, il a repris son bâton de pèlerin non seulement comme consultant de plusieurs institutions internationales, mais également un « développeur » dans son « bled » natal qui est Fond-des-Blancs, situé géographiquement dans le Sud-Est d'Haïti, mais dépend administrativement quant à présent, du département du Sud. Ce village rural de l'arrière pays a un passé historique et reste jusqu'ici ignoré de l'ensemble d'Haïti. Ce livre intitulé « Fond-des-Blancs et ses grandes familles traditionnelles », contribuera très certainement à faire connaître cette zone par les « pouvoirs », les différentes institutions étatiques et privées, les organisations nationales de développement, les Organisations Internationales.

L'ouvrage sera un document de référence pour tous les fils de Fond-des-Blancs éparpillés, soit dans le cadre national, soit dans le cadre du phénomène migratoire, comme conséquence d'une recherche de bien-être due à une difficile situation socio-économique. Depuis 2003, l'auteur mène une campagne intensive ayant pour thème « le retour à la terre ». Cette campagne a pour objectif de sensibiliser les Fond-des-blancois vivants à l'extérieur à retourner prendre leur retraitre à Fond-des-Blancs après des années de durs labeurs sur le sol étranger.

Ce projet commence à porter ses fruits. Aussi, ce sera un exemple de décentralisation qui aura pour conséquence certaine « la déflation » de Port-au-Prince et d'autres villes de province, étouffées par leur réseau de « bidonvilles ».

Les informations contenues dans ce livre sur le passé de Fond-des-Blancs, son cheminement vers le développement et sur les racines génétiques de ses grandes familles traditionnelles, constitueront sans aucun doute des données à prendre en considération dans le cadre des projets visant les perspectives d'avenir.

Raymond Laurin
Agronome

Avant-Propos

Ce livre représente une compilation d'informations sur Fond-des-Blancs, son histoire, les grandes familles traditionnelles qui ont été et qui demeurent la fondation de base de cette zone de l'arrière pays. Il a été écrit sur demande de plusieurs proches parents, d'amis, de chercheurs en quête de données. Avec le temps, des informations relatives sur les racines génétiques de la communauté disparaissent sans aucune trace. Il est donc utile et nécessaire de les conserver dans un document écrit.

La préparation de ce livre a duré plus de deux ans : 2004/2005/2006. Des contacts ont été pris par l'auteur à tous les niveaux de la communauté : avec des adultes, des jeunes, des sexagénaires, des septuagénaires, des octogénaires et des centenaires qui ont donné le meilleur d'eux-mêmes, en fait de renseignements, pour la finalisation de ce livre. Les archives nationales à Port-au-Prince, les archives locales au niveau du bureau de l'officier d'état civil et de l'église paroissiale de Fond-des-Blancs ont été examinées. Des dizaines de rencontres soit individuelles ou collectives ont été organisées pour la collecte des données. Très souvent, une information relative à une famille faisait l'objet de plusieurs consultations et discussions avec différents interlocuteurs, afin de vérifier la véracité des données.

La première partie concerne le passé de Fond-des-Blancs et la vision de l'auteur pour son développement.

La généalogie des grandes familles traditionnelles de Fond-des-Blancs, inscrite dans la deuxième partie du livre, concerne quatre à cinq générations, incluant une bonne partie de la fin du 19ème siècle, et tout le 20ème siècle, c'est-à-dire, les années 1800 et 1900.

L'auteur essaie de rendre la présentation de données la plus simple possible dans la deuxième partie, comprenant une liste de noms de

grands parents, parents et de petits enfants, plutôt qu'un texte décri-
vant chaque famille. Il s'excuse d'avance sur les imperfections et les
lacunes du livre, tout en espérant qu'il ouvrira la voie à des recherches
plus approfondies de la part d'éventuels chercheurs et scientifiques
intéressés à mieux connaître et à dévevelopper Fond-des-Blancs.

L'auteur

Liste des Acronymes

ASEC :   Administration des Sections Communales

CASEC: Conseil d'Administration des Sections Communales

Table des Matières

Deuxième partie: Généalogie des grandes familles traditionnel les de Fond-des-Blancs............................**101**

Chapitre I- Un essai d'inventaire des grandes familles tradition- nelles de Fond-des-Blancs..............................**103**

Chapitre II- Généalogie des grandes familles traditionnelles de Fond-des-Blancs

Tableaux

Cartes

Autres

Document signé du Président Alexandre Pétion octroyant 5 carreaux

Première Partie

Fond-des-Blancs
et ses zones avoisinantes

❖❖❖

Document signé du Président Alexandre Pétion octroyant 5 carreaux de terre à la citoyenne Charlotte St. Ton, le 23 octobre 1818

Liberté,   Egalité.

REPUBLIQUE D'HAYTI.

Au Port au ... le 22 May 1816

an 13 de l'Indépendance.

ALEXANDRE PETION, Président d'Haïti,

FOND DES BLANCS

Carte de Fond-des-Blancs et de ses zones avoisinantes

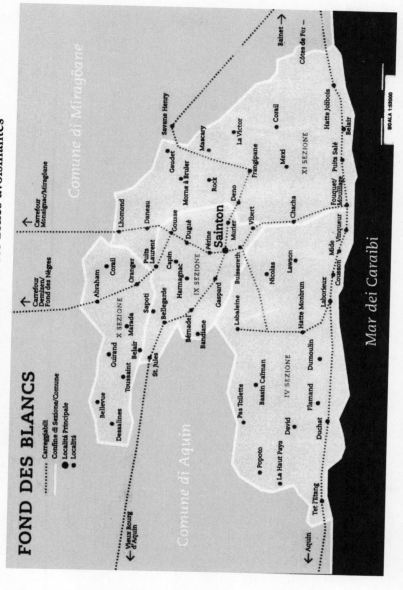

Carreggiabili
.... Carreggiabili
------- Confine di Sezione/Comune
● Località Principale
• Località

SCALA 1:8000

Carte physionomique de Fond-des-Blancs

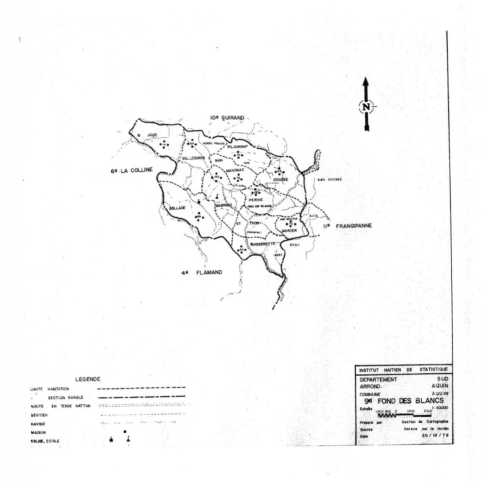

INSTITUT HAITIEN DE STATISTIQUE

DEPARTEMENT	SUD
ARROND.	AQUIN
COMMUNE	AQUIN
9e FOND DES BLANCS	
Echelle	1: 50.000
1000 500 0	1000 2000
Prepare par	Section de Cartographie
Source	Releve sur le terrain
Date	20 / 10 / 79

Carte de la République d'Haïti montrant la localisation de Fond-des-Blancs, sur le plan géographique

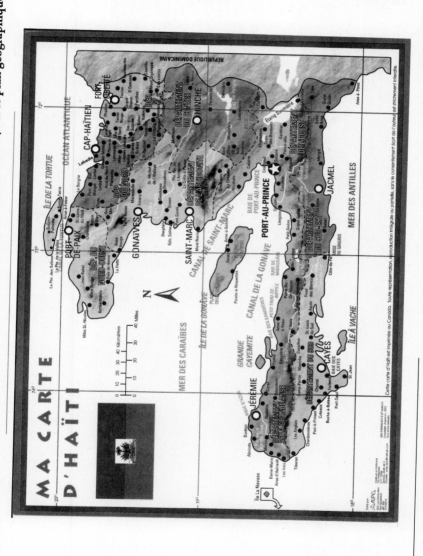

Carte publiée par AUPEL – Québec – Canada

Chapitre I

Fond-des-Blancs

1. Historique de Fond-des-Blancs

Les écrits relatifs à l'histoire de Fond-des-Blancs et de ses habitants sont inexistants. Les informations sont obtenues surtout par voie orale. Malgré le temps très long pris pour les collecter, le chercheur reste quelques fois sceptique sur leur viabilité, se basant sur des généralités plutôt que des fait spécifiques.

A l'occasion de la visite en Haïti du Pape Jean-Paul II, un bref document intitulé « Présence Polonaise en Haïti » a été préparé par Laurore St. Juste et le Frère Enel Clerismé en 1983. Ce livre mentionnait Fond-des-Blancs ainsi que d'autres zones où vivaient des polonais, abandonnés par l'armée française en déroute et qui étaient obligés de s'installer dans ces endroits isolés, arides et xérophytiques, puisqu'ils ne pouvaient pas s'embarquer pour l'Europe.

D'après ces auteurs, « la petite bourgrade de Fond-des-Blancs sur la commune d'Aquin étonne le visiteur par la protection naturelle que lui offrent les montagnes qui l'entourent en forme de cercle. Aussi, il ne faut pas confondre Fond-des-Blancs, situé dans la commune d'Aquin, et Fond Blanc situé dans la commune de Duvalier-Ville ».

Dans leur enquête ethnographique de 1982, sur la présence polonaise en Haïti, ces mêmes auteurs ont localisé des îlots démographiques, comme Cazale, Fond-des-Blancs, Petite Rivière de St. Jean du Sud, Port Salut où existent des preuves tangibles de la présence polonaise

27

dans ces localités. Quoique la réponse est aux anthropologues et aux généticiens, ils ont apporté la conclusion suivante : « Pour les métissages : polonais et haïtiens, il est important de faire remarquer que la population d'Haïti après l'indépendance ne dépassait pas 600.000 habitants ; et à cette population déjà métissée, sont venus s'ajouter plus de 4000 soldats polonais, tous des hommes. La présence de français, d'allemands, de danois en nombre inférieur est sans doute moins significative. De plus, il est plus probable que les soldats polonais se soient retirés dans le milieu rural pour tirer profit de l'agriculture sous la protection de Dessalines. Les français protégés par Dessalines étaient des médecins, des éducateurs et des prêtres. Cette catégorie de blancs ne se serait pas retirée sur les terres ; elle a dû résider en ville ». Ils ont rencontré dans les îlots étudiés, des noirs purs et des blancs purs ; ce qui prouve que le sang polonais et haïtien se confond dans ces îlots, qu'il s'agisse de noirs, de blancs ou de mulâtres.

L'histoire raconte également que pendant et après la guerre de l'indépendance, des français qui vivaient sur la côte Sud-Ouest, dans des villes côtières comme Anse à veau, Petite Rivière de Nippes et Petit Trou de Nippes ont été refoulés, pour des raisons de sécurité, dans des endroits enclavés, écologiquement difficiles, comme Fond-des-Blancs et d'autres zones avoisinantes.

Une autre hypothèse rapporte qu'après l'indépendance, il y a eu la réforme agraire. Les meilleures terres ont été distribuées aux anciens esclaves qui avaient fait la guerre de l'indépendance. Les colons propriétaires se sont réfugiés à l'intérieur du pays, donnant ainsi à la zone le nom de Fond-des-Blancs. La vallée, très riche sur le plan agricole situé entre St. Michel du Sud et Aquin, dont les titres de propriété ont été distribués aux anciens esclaves, a pris le nom de Fond-des-Nègres.

Un certain média rapporte qu'à l'époque de la colonisation, un nombre de petits colons français étaient installés dans la zone devenue

Fond-des-Blancs, du fait de leur présence. Ils possédaient de vastes domaines agricoles dans cette vallée située entre St. Michel du Sud et Aquin, devenue Fond-des-Nègres. Les esclaves qui leur étaient vendus étaient débarqués sur la côte Sud-Est, dans un port de fortune, appartenu à un français, vendeur d'esclaves du nom de Fouquet d'où l'origine de la zone de « Mouillage-Fouquet ». Ces esclaves étaient partagés en deux groupes : Un petit nombre très restreint était au service de leurs maîtres, sédentaires à Fond-des-Blancs ; Un autre groupe très important était expédié à Fond-des-Nègres ou ils travaillaient dans de grands domaines agricoles. Le petit groupe assigné à Fond-des-Blancs exerçait leur travail dans des habitations dont les noms existent jusqu'à nos jours, et qui ont été morcelés, en petites propriétés, à cause de la pression démographique. On peut citer : Dans la zone de Sainton : Coin d'Arc, Nan Buissereth, Dugué ; Dans la zone de Bernadel : Ka Bernadel, Nan Rosalie, Nan Meran, Nan Jean-Baptiste, Nan Kaké, Bellegarde ; Dans la zone de Gaspard : Ka Gaspard, Morne Manioc, Armagnac, Capin, Nan Polica, Nan Dioc.

Cependant, certains grands domaines ont été octroyés à titre individuel par le gouvernement du Président Pétion. C'est ainsi que 5 carreaux de terre ont été offerts et concédés à Mme Charlotte Sainton, le 22 mai 1816, an 15 de l'indépendance. Depuis cette date, la zone porte le nom de Sainton.

Tout récemment, en 1990 l'ethnologue suisse Roland Wingfield, a publié un livre, intitulé « Voyage en Haïti » dans lequel il a parlé des « haitiens, leur histoire mouvementée, leur lutte réussie et tragique d'anciens esclaves pour une liberté constamment malmenée ». Dans ce document passionnant, l'auteur a raconté son voyage à dos de cheval à Fond-des-Blancs en ces termes : « Lors de mon périple dans les Monts Mattheux, les paysans à la peau claire du village de Cazale avaient suscité ma curiosité. Je découvris par la suite que d'autres communautés semblables existent en Haïti où, par un accident historique, les habitants ressemblent plus à leurs ancêtres européens qu'à leurs aïeux africains.

Tel est le cas de Fond-des-Blancs, village situé sur un plateau isolé dans le Sud-Est d'Haïti. Je projetai de visiter l'endroit. Cette excursion devait avoir des conséquences importantes pour mon avenir.

Je me rendis à Fond-des-Blancs depuis la ville d'Aquin, sur la côte Sud où je séjournais chez le député qui représentait cette région à l'Assemblée nationale. Un jeune avocat du cabinet du député avait des affaires à traiter à Fond-des-Blancs, et je profitai de l'occasion pour l'accompagner. Le seul moyen de transport à partir d'Aquin était le cheval. Vu la distance, le départ fut fixé au petit matin, bien avant l'aube.

Nous chevauchions à travers des orangeraies encore humides de rosée. Pas un seul nuage dans le ciel bleu nuit.Une étoile scintillait au dessus de nous comme un solitaire et nous guidait vers l'est. Elle pâlissait au fur et à mesure que le ciel prenait des teintes d'une rare beauté, rose abricot rayé de gris. Les coqs se mirent à chanter et l'on respirait une odeur agréable de charbon de bois émanant des feux qui s'allumaient dans les fermes éparpillées ici et là dans la campagne.

Le clocher de Fond-des-Blancs apparut au loin ; ses cloches sonnaient joyeusement l'angélus, appelant les fidèles à la prière. Mais les gens de la région étaient occupés ailleurs : C'était jour de marché. Les paysans métissés affluaient de toutes parts sur leurs ânes chargés des fruits et des légumes de leur terre. Leur apparence physique confirmait mon attente, paysannes aux yeux bleus et aux longues tresses, enfants à la peau cuivrée et aux cheveux ondulés, hommes grands et minces au profil hispanique.

Ces campagnards vaquaient à leurs besognes comme n'importe quel paysan noir et ne semblaient pas conscients du statut spécial que représente une peau claire en Haïti. A l'époque coloniale, être de sang mêlé était synonyme d'affranchi. De nos jours, une personne à la peau claire est d'emblée présumée être citadine, instruite et membre de l'élite.

Moreau de Saint-Mery dans son traité sur les coutumes sociales au temps de la colonie française, publiée au XVIIIème siècle, décrit les 124 combinaisons possibles résultant des mélanges entre noirs et blancs. Il établit une longue liste des termes utilisés pour les identifier. Quelques uns de ces termes sont encore en usage.

GRIFFE s'applique à une personne qui a un peu de sang européen, mais dont les traits africains prédominent. On appelle souvent une jolie fille noire une griffonne.

MULATRE désignait à l'origine une personne de père blanc et de mère noire. Aujourd'hui, le terme est synonyme de presque blanc et c'est l'appellation « grimaud » qui correspond le mieux à la définition traditionnelle de mulâtre. Le « grimaud » est d'ascendance noire au moins pour moitié, de par sa physionomie négroïde et ses cheveux crépus, mais sa peau d'un ton jaunâtre, est relativement claire. A l'opposé de « grimaud », le type « marabou » est très admiré et assez rare. Il est comparé au légendaire Madre d'Espagne ; Il ressemble en fait à l'indien d'Asie. « Marabou de mon Cœur... » chante un poète de Jérémie qui a romancé les attraits de la belle marabou. Il a immortalisé ses longs cheveux noirs et soyeux, ses traits fins et sa peau aux reflets cuivrés. Dans ses veines se marient harmonieusement le meilleur de la race blanche et de la race noire, à quoi s'ajoute une goutte de sang amérindien.

Les gens de la campagne utilisent le mot «rouge » pour désigner une personne à la peau plus claire que la moyenne et le mot « blanc » pour quelqu'un qui a la peau très claire.

A Fond-des-Blancs, j'accompagnais l'avocat chez ses clients. J'appris l'histoire de cette communauté chez l'un d'entre eux, un patriarche aux yeux bleu clair et aux cheveux blanc comme neige.

Au XVIIIème siècle, des colons français et espagnols d'origine modeste établirent des huttes, exploitations d'élevage, dans cette région plutôt aride. Ils ne possédaient pas d'esclaves et ne furent pas mêlés aux troubles de la révolution. Les blancs de cette région demeurèrent là après l'indépendance. On les avait oubliés. Ils échappèrent ainsi au massacre général des français ordonné par Dessalines. Au fil des ans, ils se mélangèrent aux noirs des communautés avoisinantes.

Des Autochtones de Fond-des-Blancs s'installèrent aussi à Port-au-Prince où leur couleur les aida à grimper l'échelle sociale. On raconte que certains politiciens noirs ambitieux de la capitale allaient choisir une épouse dans la campagne de Fond-des-Blancs pour éclaircir leur progéniture ».

2. Timide cheminement de Fond-des-Blancs sur le plan administratif

Les informations concernant Fond-des-Blancs, quant à son cheminement au niveau administratif et national, sont très rares, du fait de sa situation géographique et peut-être aussi de son passé génétique et historique. Fond-des-Blancs situé dans un enclave entre l'Ouest et l'Est du département du Sud a toujours fait l'objet d'un isolement systématique et même volontaire, de la part des pouvoirs géographiques et politiques : Aquin, chef lieu de l'arrondissement du même nom, ne s'en est jamais occupé ; Les Cayes, capitale du Sud a toujours ignoré son existence ; Port-au-Prince, la capitale d'Haïti, méconnaît jusqu'ici l'existence de ce coin de terre de l'arrière-pays. Originaires de colons français, de mercenaires polonais ou d'esclaves noirs, les ressortissants de Fond-des-Blancs ont toujours été écartés de la scène politique nationale ; Fond-des-Blancs n'a jamais été inscrit dans des projets de développement conçus par les pouvoirs en place depuis 1804. Comme dans le cadre d'une stratégie de survie, les Fond-des-blancois, conscients de leur isolement, ont toujours cheminé par leur propre initiative et courage vers la voie du développement qui se profile très lentement.

Fond-des-Blancs est connue comme la 9ème section de la commune d'Aquin, tout en englobant certaines zones avoisinantes faisant partie des 4ème, 10ème et 11ème sections. En 1908, il a été élevé au rang de paroisse par le Diocèse des Cayes ; Cette paroisse possède jusqu'en 2006 dans sa mission d'évangélisation 17 chapelles.

Nommé quartier en 1935, il a été doté d'un tribunal de paix. Le 1er juge de paix fut monsieur Dieuveuil Antoine, assisté d'un suppléant, monsieur Chillon Guirand.

Un bureau des archives a été créé. Les premiers officiers d'état civil nommés furent successivement : Monsieur Dieujuste Buissereth, monsieur Navius Leclerc, monsieur Lethone Riodain, monsieur Michael Mascary et Duhamel Mascary.

Un bureau de la Direction Générale des Contributions a été installé. Les titulaires successifs furent : Monsieur Hérissé Guirand, André Guirand et Huttel Guirand. Des agences officielles d'arpentage furent ouvertes avec les arpenteurs suivants : Nissage Guirand, Waldeck Guirand, Raphael Hilaire, Brielle Gachelin et Bernadin Poteau.

Un commissariat de police a été placé en 1950 mais aboli après une trentaine d'années d'existence, ce qui a causé un climat d'incertitude et d'inquiétude dans la communauté.

Fait très rare de nos jours : Un inspecteur des denrées en la personne de monsieur Fleurant Lalanne a été nommé ainsi qu'un garde forestier, en la personne de monsieur Frédéric Guiraud. Ces deux postes ont été abolis.

Depuis 1935, Fonds-des-Blancs était doté d'un bureau de chefs de section partageant la 9ème et la 11ème section rurale. Les différents chefs de section successifs pour la 9ème furent : Monsieur Lorissette Guirand, monsieur Brun Buissereth, messieurs Precieux Guirand et Michel Frank. Pour la 11ème section rurale, ce furent : Monsieur Elie Leconte, monsieur Arince Cassagnol et monsieur Edgard Edouard.

A l'époque de l'existence et du fonctionnement des chefs de section et du commissariat de police, l'ordre et la discipline régnaient à Fond-des-Blancs, comparativement au constat fait aujourd'hui. A ce moment là, des travaux communautaires réunissant jeunes et adultes, s'effectuaient très souvent dans le domaine de reboisement et d'infrastructure, comme la réparation de routes vicinales.

En 1990, avec le changement administratif au niveau des départements géographiques, Fond-des-Blancs a été doté d'un bureau de Casec qui a eu comme titulaires successifs jusqu'en 2004 : Monsieur Brielle Leveillé, Gérard Clairevil et un certain Buissereth.

3. Cheminement de Fond-des-Blancs sur le plan du développement

Fond-des-Blancs est situé à 18 kilomètres de la route nationale No. 2, conduisant à la ville des Cayes, chef-lieu du département du Sud. Laissant Carrefour Desruisseaux (Miragoâne) Chalon, Duparc, on arrive au Carrefour Montsignac, constituant l'entrée principale de Fond-des-Blancs. A droite, on emprunte l'itinéraire Lhomond (traversée par la rivière du même nom), Habraham ; Morne Roche ; Morne Dano ; Morne Gousse ; Dugué et Perrine, jusqu'à l'arrivée à Sainton, considéré comme la capitale de Fond-des-Blancs. Ce parcours est fait à travers une mosaïque de plantes tropicales d'une rare beauté et d'une luxuriance de verdure non égalée.

De Sainton, plusieurs artères qui autrefois étaient des sentiers et maintenant devenus routes voiturables vous conduisent dans différentes zones avoisinantes, telles que :

De Sainton, plusieurs artères qui autrefois étaient des sentiers et maintenant devenus routes voiturables vous conduisent dans différentes zones avoisinantes, telles que : Au Nord, Murier, Franchipagne, Savane Henry ; Au Sud-Est, d'une part : Buissereth, Vibert et Chacha ; et de l'autre ; Labaleine, jusqu'à la route secondaire 44, emmenant à Mouillage-Fouquet et à Côte de Fer, dans le Sud-Est ; et à Laborieux, Flamand, et à Aquin, dans le Sud.

De Sainton, on peut utiliser la route de Gaspard, Bernadel, St. Jules et de la Colline, jusqu'à Fond-des-Nègres. Une nouvelle route inachevée conduit également à Guirand (Fond-des-Nègres) en passant par Morne Franc.

Jusque vers 1940, la route de Fond-des-Blancs était un vrai sentier fréquenté seulement par des chevaux, des mules et des bourriquots. Pour

35

se rendre à n'importe quelle ville comme Aquin et Miragoâne, on devait faire le trajet, comme moyen de transport, à dos d'animaux pour ceux qui avaient la possibilité ou à pieds tout simplement.

Le premier pionnier qui a procédé au désenclavage de Fond-des-Blancs, fut un américain du nom de Camille Mitchell qui a épousé une fond-des-blançoise, Jeanne Guirand, fille de Nissage Guirand Père. C'était cette route qui avait permis l'accès des premiers camions et des jeeps à Fond-des-Blancs. Jusqu'en 1980, il était impossible aux voitures légères de l'utiliser, à cause de la topographie de la zone.

Le « boom » de l'industrie textile pendant la deuxième guerre mondiale a relevé l'économie de Fond-des-Blancs, par l'intensification de la culture du sisal. Le marché rural de Fond-des-Blancs organisé les lundis et les vendredis était florissant. Il était fréquenté par de gros industriels du textile venus de Port-au-Prince tels les Berne, les Nadal, les Roy, les Mallebranche, les Duval, les Roumain qui avaient créé une société anonyme du nom de SAFICO (Société Agricole et de Filature). Les activités générés par le « boom » du sisal avaient permis jusqu'à une certaine période l'entretien de la route conduisant à Fond-des-Blancs ainsi que de celle de la route No. 44. Aussi, la construction des premières maisons en tôles et en ciment firent leur apparition après la période florissante du sisal, qui a eu une baisse significative sur le marché international avec l'arrivée des fibres synthétiques. Les activités socio-économiques ont connu et ont occasionné une chute importante, entraînant un ralentissement non négligeable dans la vie active de Fond-des-Blancs. Aussi, aucun entretien n'a été effectué dans les différemts embranchements routiers de Fond-des-Blancs et, ce jusque vers les années 1993-1994.

L'une des plus anciennes institutions créées à Fond-des-Blancs fut « La Ferme – Ecole Rurale de Fond-des-Blancs » qui a été fondée en 1927, puis ouverte en 1930, sous le gouvernement de Louis Borno. En

36

1960, elle est devenue « Ecole Nationale de Fond-des-Blancs ». Les différents directeurs successifs affectés à cette école furent:

- Marcel Cauvin
- Marcel Cauvin
- Jules César
- Gérard Fécu
- Christian César
- Adrien Jn-Baptiste
- Jagouri Kadiski
- Blaise Lambré
- Lys Lorthé
- Decoline Blaise
- Romener Lelièvre
- Jules César
- Gérard Fécu
- Christian César
- Adrien Jn-Baptiste
- Jagouri Kadiski
- Blaise Lambré
- Lys Lorthé
- Decoline Blaise
- Romener Lelièvre

Fond-des-Blancs dont le patron est St. François Xavier a été élevé au rang de paroisse en 1908, par le Diocèse des Cayes, incluant 17 chapelles situées dans les zones avoisinantes. Depuis sa création, la paroisse a eu comme leaders spirituels ou curés une dizaine de prêtres qui, à part leur travail d'évangélisation, se sont adonnés également à des activités d'ordre social au niveau du développement. Depuis la création de la paroisse en 1908, la liste successive de curés affectés à Fond-des-Blancs fut :

- ◆ Père Ricordel
- ◆ Père Rimbert
- ◆ Père Ponce
- ◆ Père Valengo
- ◆ Père Jacques Clairvil
- ◆ Père Rosé
- ◆ Père Pierre Michel Burel
- ◆ Père Ernest Gouello
- ◆ Père Dieuveulhomme
- ◆ Père Cabioche
- ◆ Père Hervé François
- ◆ Père Assilio Dossous
- ◆ Père Joseph Hercule

L'œuvre accomplie par ces pionniers spirituels à Fond-des-Blancs et ses zones avoisinantes est restée inoubliable, au sein des différentes communautés. En 1950, une école presbytérale pour les enfants âgés de 5 à 10 ans a été créée.

La même année, le Révérend Père Jacques Clairvil, un prêtre haïtien affecté comme curé dans la paroisse, a eu l'idée de faire érigé un réservoir d'eau potable dans la rivière Dugué. Ce qui avait permis de collecter de l'eau propre non polluée par des fèces d'animaux et autres. Ce mini réservoir qui existe toujours était doté de trois robinets alimentés par un système de tuyauterie très solide.

Vers les années 1970/71/72, un autre prêtre d'origine française a élaboré un projet d'installation d'un réseau de pompe manuel dans des endroits où la nappe phréatique n'est pas trop profonde. Ce projet a été financé par le Secours Catholique de France, mis en œuvre et exécuté par la paroisse. C'est ainsi qu'une trentaine de pompes ont été installées, puis devenues opérationnelles à Fond-des-Blancs et dans les zones avoisinantes.

En 1996, la plupart de ces pompes étaient abîmées et en mauvais état de fonctionnement à cause de leur mauvaise utilisation et du manque d'entretien. En 1997 et en 2000, l'Agronome Férauld Maignan, alors Directeur Général de la Caritas Nationale d'Haïti devenue maintenant CARITAS HAITI, a pu trouver des fonds en provenance du programme de la Coopération Japonaise et de la Coopération Française, pour la réhabilitation de l'ensemble de ces pompes.

Sous l'Administration du Révérend Père Gouello, l'école Presbytérale a été agrandie pour recevoir des élèves des classes préparatoires, élémentaires et secondaires.

L'une des œuvres des plus importantes de Père Gouello, fut l'établissement du centre de santé de Fond-des-Blancs devenu Hôpital St. Boniface de Fond-des-Blancs qui reçoit annuellement environ 30.000 patients venus non seulement de Fond-des-Blancs et des zones avoisinantes, mais également de toutes parts d'Haïti. Si Père Gouello, fondateur de cet hôpital fut catholique, il est digne de mentionner que le terrain abritant le complexe a été offert en don par la famille Achile Buissereth, de confession adventiste. Un peu plus tard un espace aditionnel fut offert par la famille Hérissé Guirand. Actuellement, cet hôpital est patronné par la Fondation Haïti St. Boniface, opérant à Boston dans le Massachusetts. Le Comité Exécutif est composé de membres, dont la Présidente et la C.E.O. est madame Nanette Caniff, qui se sont illustrés par leur dévouement humanitaire pour Fond-des-Blancs. Actuellement, l'hôpital dispose d'une salle pour l'administration, d'une pharmacie, d'une salle d'urgence, d'une salle opératoire, d'un centre de nutrition, de 2 ambulances, de plusieurs salles d'internement des malades. Quatre médecins à plein temps y résident : 2 généralistes, 1 gynécologue et 1 pédiatre. Un staff d'une douzaine d'infirmières y travaille. Des consultants médecins américains viennent périodiquement en provenance des États-Unis pour offrir leur service bénévolement à la communauté, dans les cas de chirurgie, en particulier.

En 1993, les Sœurs de la Charité St. Vincent de Paul sont arrivées à Fond-des-Blancs. Elles étaient intégrées à la Paroisse St. François Xavier, et plus particulièrement à l'Hôpital St. Boniface, où leur présence constante constituait un support moral solide pour les malades. Cette équipe de religieuse avait un programme d'activités très diversifié pour le bien être de la population de Fond-des-Blancs. Les noms des sœurs Lilas, Natalia, Rosa, Marie Rose, etc... sont restés gravés dans le cœur de la population. Soudainement, en 2003, à la grande surprise de la population, toutes les sœurs de la charité ont plié bagage et laissé Fond-des-Blancs. Les raisons de leur départ sont restés méconnues. Les démarches entreprises pour leur faire revenir sur leur décision sont restées vaines.

La salle de formation dans le centre de nutrition a été équipée par une grande table de conférence et des chaises métalliques. Il en est de même de la salle de stockage des médicaments qui a été dotée d'un réfrigérateur et d'un congélateur. Ce jeu de matériel a été offert par la famille Férauld Maignan.

Les salles des malades ont reçu en don une dizaine de lits d'hopitaux, offerts par monsieur Aymond Lalanne, en provenance d'une organisation de bienfaisance qui opère à Stamford, Connecticut, Etats-Unis d'Amérique.

Avant 1980, les différentes communautés de Fond-des-Blancs et de ses zones avoisinantes étaient à 90% catholiques. En 1986, une mission baptiste fut installée à Fond-des-Blancs, particulièrement à Dugué. Son premier pasteur fut le Révérend Jean Thomas qui s'est signalé par son leadership dans le domaine du développement. Une église a été construite ainsi que deux écoles, l'une à Dugué et l'autre à Terre-Rouge très fréquentées par des enfants de diverses communautés. Par la suite, se sont installées d'autres missions, comme une église adventiste à Sainton; Une école et une église de l'Armée du Salut à Bellegarde; et une mission américaine « Amish » mellonites à Labaleine. Cette dernière a établi un atelier d'artisanat, une école, et une boutique d'intrants divers. Les « Amish » ont également initiés des travaux agricoles et aussi d'infrastructures relative à l'adduction d'eau potable pour la communauté de Labaleine.

La situation et l'état de la route conduisant à Fond-des-Blancs étaient tellement déplorables que les deux églises, catholiques et protestantes ont commencé des démarches pour sa réhabilitation et sa restauration. Le curé de la paroisse, le Révérend Père Gouello, a adopté l'alternative de travaux communautaires, avec le support des propriétaires de camions fréquentant la zone. Ce type d'opération, quoique excellente, n'a pas suscité beaucoup d'enthousiasme de la part de la population mais des résultats ponctuels ont été obtenus.

Dans le même esprit de développement, le Révérend Pasteur Thomas, chef de l'Eglise baptiste, a présenté, en 1984 une requête visant à la réhabilitation d'arbres forestiers et fruitiers dans les bassins versants, à Pan American Development Fund (PADF). Ce projet mis en œuvre en 1986/87 incluait Carrefour Montsignac, Fond-des-Blancs, Mouillage-Fouquet, jusqu'à Côte de fer. L'exécution et la supervision ont été faite par une association locale nommée CODEF. Plus de 10.000 personnes ont participés à ce projet ayant reçu des salaires symboliques ou de la nourriture équivalente à leur journée de travail. La route a été totalement réhabilitée; Certains « mornes » autrefois très dangereux pour le passage des camions, ont été cimentés : Morne Roche, Morne Gousse et Morne Dugué. Ce travail a eu un impact socio-économique certain pour Fond-des-Blancs et les zones avoisinantes. Des véhicules de tout type fréquentait Fond-des-Blancs : Camion, jeep, voiture légère. Le trafic terrestre a augmenté considérablement. Le nombre de gens fréquentant le marché de Fond-des-Blancs, les lundis et vendredis, avait quintuplé.

Ce projet de PADF a permis l'introduction de certaines espèces d'arbres allochtones dans la zone de Fond-des-Blancs, incluant des espèces forestières et fruitières. Des milliers de plantules ont été introduites sur les flancs des montagnes, ayant pour effet, l'arrêt de l'érosion et la conservation des sols. Les espèces les plus adaptées sont : Le nime, le casuarina, le cèdre, l'acacia, pour la foresterie et la mandarine, pour l'horticulture fruitière. A partir de 1997, il a été constaté la coupe de nime et d'acacia, par certaines familles, pour la fabrication du charbon. Une fois coupées, le nime et l'accacia se régénèrent rapidement, en produisant des pousses de régénération. L'impact économique est non négligeable pour des familles qui avaient profité du projet pour effecteur des plantations de ces arbres sur leurs terres.

A partir de 1990, la route est redevenue impraticable à cause de l'absence d'entretien effectué par l'Etat, par la communauté et en particulier par les camionneurs.

En 1995, une requête a été adressée par l'Agronome Férauld Maignan, Directeur Général de la Caritas Nationale d'Haïti, au Programme Alimentaire Mondial (PAM) en vue de l'obtention des produits alimentaires pour l'amélioration de la route et pour la création d'une cantine scolaire à l'Ecole Nationale de Fond-des-Blancs.

Pendant 3 ans, ce projet a permis à un grand nombre de familles nécessiteuses de se nourrir d'une façon normale et d'envoyer leurs enfants à l'école. Les camionneurs et les chauffeurs de *Tap-tap* ont repris leurs activités routinières dues à la réhabilitation de la route Mont signac - St. Thon.

En 2005, les pluies diluviennes se sont abattues sur Fond-des-Blancs pendant plus de trois semaines, suite à l'impact du cyclone Jeanne. Des dégâts considérables ont été constatés en particulier sur les routes de pénétration et de circulation dans la région. L'Agronome Férauld Maignan a pris l'initiative de réunir le jeudi 20 octobre 2005 plus d'une centaine de membres de la communauté concernant les mesures immédiates et urgentes à entreprendre en vue de la restauration de la route. Les ramifications routières telles que Lhomond-Perine-Buissereth et Franchipagne étaient impraticables. Cet état de chose constituait une paralysie socio-économique dans la communauté. Un comité avec pour président, monsieur Enol Buissereth groupant les différentes tendances (catholiques, protestants et laïcs) a été créé. Un message a été d'urgence aux Fond-des-blancois vivant à l'extérieur, en particulier aux Etats-Unis et en France. L'appel a été entendu. Par un élan de spontanéité et de générosité, les Fond-des-blancois tant à l'intérieur qu'à l'extérieur, ont contribué à la réhabilitation de la route. En France a été créé une organisation nommée « Association Française pour le Développement de Fond-des-Blancs » sur l'initiative de monsieur Nelio Lorthé, monsieur Fritzner Bruno et de monsieur Eddie Labady, tous trois de Fond-des-Blancs. Les membres de l'Association pour le Développement de la Colline se sont joints à eux à titre de solidarité.

4. Fond-des-Blancs et le phénomène de la migration

4.1. La migration vers Cuba

Vers les années 1925, commençait l'exode des haïtiens à Cuba où ils travaillaient dans de grandes exploitations sucrières, comme coupeurs de canne. Cette vague incluait en grande partie des gens du département du Sud, et en particulier, de grands travailleurs agricoles de Fond-des-Blancs. Toutes les familles de Fond-des-Blancs avaient plusieurs de leurs membres ayant fait partie de cet exode à la recherche de meilleures conditions de vie.

Un bon nombre d'immigrants de Fond-des-Blancs sont retournés en Haïti après avoir travaillé quelques années dans la « Zafra » à Cuba, où ils ont eu l'occasion de faire des économies à la sueur de leur front, ce qui leur ont permis, à leur retour, de s'acheter une ou des propriétés agricoles, de construire leur maison, de se marier et de fonder une famille. D'autres se sont implantés dans l'Ile, en particulier dans les provinces de Camagüey et de Santiago de Cuba.

Dans le livre intitulé « Fidel y la religion » écrit en 1985 par Frei Betto, offert en 1987 à l'auteur par le Commandant Fidel Castro à l'occasion d'un voyage officiel entrepris pour compte de l'Organisation des Nations Unies pour l'Alimentation et l'Agriculture, il a été longuement reporté la vie des haïtiens à Cuba. Aussi, Fidel Castro a raconté l'histoire de son parrain qui fut un haïtien, Luis Hibbert, alors Consul d'Haïti à Santiago de Cuba.

En 1923, à son retour en Haïti, Louis Hibbert, s'est installé dans sa ville natale, Aquin où il a eu l'occasion de connaître Dabelmise Maignan, originaire de Labaleine, Fond-des-Blancs. Leur liaison a donné quatre enfants.

4.2. La migration vers la France et la Guyane Française

En 1961, la migration vers la Guyane Française a commencé avec le départ d'un agronome entrepreneur français qui s'était installé dans la vallée de Fond-des-Nègres aux fins d'exploitation des huiles existentielles pour l'exportation. Cet agronome nommé Lily Garnot avait liquidé toutes ses terres à Fond-des-Nègres, s'est acheté un bateau et s'est embarqué avec une cinquantaine d'haïtiens parmi lesquels beaucoup de gens de Fond-des-Blancs.

En Guyane, le gouvernement français avait mis à sa disposition gratuitement de grands domaines qu'il a bonifiés et exploités avec la contribution de ces travailleurs agricoles.

Au début de 1975, plusieurs jeunes de Fond-des-Blancs se sont orientés vers une migration en masse vers la Guyane où actuellement vit une communauté importante d'haïtiens. D'après les statistiques français, il y a plus d'haïtiens en Guyane que de Guyanais.

4.3. La migration vers les États-Unis et le Canada

Ce phénomène migratoire continue jusque de nos jours vers les Etats-Unis d'Amérique, le Canada et la France. Il n'y a presque pas de gens de Fond-des-Blancs émigrés dans les anciennes colonies anglaises des Caraïbes.

Aux États-Unis, les natifs de Fond-des-Blancs se trouvent surtout dans l'état de New-York (Brooklyn, Queens, Bronx, Long Island), dans l'état de la Floride (Orlando et Miami), de l'Illinois (Chicago), dans le Connecticut (Standford, Bridgeport) et le Massachusetts (Boston, Randolph, Dorchester).

En France, ils sont surtout à Paris, et au Canada, à Montréal. Dans ces 3 pays d'accueil, selon les sources issues des ambassades respectives, les Fond-des-blancois sont entre 5 à 7000, excluant les enfants.

45

4.4. La migration locale restreinte

Au niveau national, un autre type du phénomène migratoire touche Fond-des-Blancs : c'est l'exode vers Port-au-Prince, la capitale où beaucoup de jeunes se sont installés dans l'espoir de trouver du travail ou une vie meilleure. D'autres sont partis en vue de continuer leurs études, soit secondaires, soit universitaires, faute d'absence d'institutions d'éducation appropriées à ces niveaux, leur permettant de parfaire leur formation « in situ ».

Si au niveau national et international, il existe ce phénomène d'exode des gens de Fond-des-Blancs vers d'autres villes de province ou vers l'étranger, le phénomène migratoire inverse se pratique également. C'est ainsi que Fond-des-Blancs a accueilli des travailleurs agricoles originaires du Sud-Est, en particulier de Bainet. Cette migration, d'après certaines sources, a commencé vers les années 1935, à la suite d'une sécheresse qui sévissait dans les zones de Côtes-de-Fer et de Bainet. Ce phénomène migratoire continue de nos jours. Plusieurs familles venues de Bainet se sont implantées à Fond-des-Blancs où elles ont acheté des terres et devenus propriétaires. Des liens génétiques se sont développés entre les deux communautés autochtones et allochtones. Beaucoup de Fond-des-blancois ont épousé des femmes de Bainet, évitant ainsi, ce grave phénomène de consanguinité qui constituait, au niveau de la médecine, une plaie car, volontairement ou involontairement, les proches parents, cousins et cousines, se mariaient entre eux, ignorant les lourds effets biologiques qui en découleraient. Quand on étudie l'arbre généalogique des grandes familles de Fond-des-Blancs, on est frappé par des liens existants entre les famille Guirand, Buissereth, Maignan, Bernadel, Lalanne, Thadal, Laudé, Vilsaint, etc…

A part de leur apport chromosomique, les gens de Bainet constituent pour Fond-des-Blancs, une source de main-d'œuvre très importante, au niveau social et économique. Des recherches locales ont prouvé qu'en 2005, la communauté de Bainet représentait environ 40% de la population de Fond-des-Blancs.

5- Rôle des Fond-des-blancois émigrés à l'extérieur dans le pro cessus de développement

Depuis 1995, une campagne ayant pour slogan : « Le retour à la terre natale », a été menée par l'auteur en collaboration avec plusieurs amis d'origine haïtienne, en vue de conseiller les fond-des-blancois vivant à l'extérieur d'examiner la possibilité de retourner chez eux après leur retraite. Tout dépendrait des conditions socio politiques et économiques d'Haïti. Des lettres ont été envoyées à plus de mille familles parmi lesquelles le père ou la mère ont laissé le pays, a un âge très avancée, ce qui ne leur permet pas aisément de s'adapter aux conditions de l'environnement écologique dans lequel ils évoluent. Par exemple, une personne émigrée à 50 ans aura à travailler entre 15 et 20 ans avant de prendre sa retraite à 65 ou 70 ans. Fond-des-Blancs a été toujours une zone tranquille, même aux moments des troubles politiques, de banditisme et de vandalisme secouant d'autres villes du pays. Ces retraités auraient à préparer leur retour en construisant leur maison de retraite en organisant leur situation bancaire et leur éventuel investissement dans certaines institutions financières. Aussi, étant donné le niveau relativement bas du coût de la vie à Fond-des-Blancs, ils n'auront pas de très grandes dépenses en utilisant leur revenu issu de leur pension et de leur sécurité sociale. Au niveau médical, le Centre de Santé St. Boniface est bien équipé en personnel incluant des médecins compétents et des infirmières pouvant répondre à des urgences médicales. Ces mêmes retraités pourraient offrir leur service comme volontaires dans des secteurs clefs de la vie à Fond-des-Blancs : L'éducation, la santé, l'environnement, les infrastructures, sans exclure des investissements financiers personnels.

Une enquête menée en 2004, 2005 et 2006 auprès des communautés fond-des-blancoises vivant aux États-Unis, au Canada, en France et dans les Antilles, accuse un montant individuel moyen de 200 dollars américain transférés annuellement à des parents, ce qui totalise une contribution annuelle de plus de deux millions de dollars américians, pour la seule zone de Fond-des-Blancs. Cette contribution est non négligeable dans la vie économique de la zone.

Cet appel pour un retour à la terre natale a porté ses fruits puisque la construction de plusieurs maisons en bloc particulièrement (environ une trentaine), a commencé à se réaliser. Ce sont des maisons modernes avec de l'électricité générée par de l'énergie solaire.

Cette campagne a été interrompue significativement pendant près de trois ans, au moment des vagues de kidnapping, de violence et de banditisme qui ont vu le jour à Port-au-Prince, en particulier.

Chapitre II

Les zones avoisinantes
de Fond-des-Blancs

❖

1. Bernadel, Gaspard et Terre Rouge

Ces trois agglomérations se trouvent localisées dans un axe d'environ 2 kilomètres, constituant la route donnant accès à St. Jules, la Colline, et Fond-des-Nègres. Une autre bifurcation, depuis Bernadel, peut conduire, en temps non pluvieux, à Morne Frank qui surplombe Fond-des-Nègres.

Terre Rouge, Gaspard et Bernadel possèdent de bonnes terres agricoles, à dominance argilo-calcaire et peuvent être considérées comme les greniers de Fond-des-Blancs. Cette zone tripartite constitue le « fief » des Guirand, Bernadel, Laudé, Buissereth, Maignan et Lalanne.

2. Belle Rivière

Belle Rivière est située à 3 kilomètres de Lhomond. Elle constitue une jolie petite communauté comprenant vraisemblablement, une minipopulation à phénotype polonais.

3. Buissereth

L'agglomération de Buissereth est située à environ 1 kilomètre de

Sainton. Une importante branche de la famille Buissereth, s'y était installée, à un certain moment après l'indépendance, et s'est dispersée par la suite à Gaspard et à Bernadel. Buissereth constitue un passage vers Labaleine et Mouillage-Fouquet.

4. Dugué

Dugué est une petite agglomération qui porte le nom de la Rivière qui la traverse : Rivière Dugué. A l'époque des pluies, cette rivière reçoit les eaux émanant des différents bassins versants existant à Fond-des-Blancs. Dugué est situé entre Lhomond et Sainton. En l'an 2000, la rivière Dugué a fait l'objet de travaux infrastructurels importants permettant son captage en vue de l'approvisionnement en eau potable aux habitants de Sainton, de Terre Rouge, de Gaspard et de Bernadel.

5. Franchipagne et Murier

Ces deux zones se trouvent sur le même axe routier, très proches l'un de l'autre, conduisant à Savane Henry où existe un marché rural assez important. Plusieurs familles de Fond-des-Blancs s'y sont installées, particulièrement, les familles Thadal et Mascary.

6. Fond-des-Nègres

On ne peut dissocier Fond-des-Nègres de Fond-des-Blancs, quoique au niveau administratif, le premier fait partie du département de Nippes tandis que le dernier est toujours intégré au département du Sud. Des liens génétiques, sociaux et économiques très solides existent depuis des temps entre ces deux communautés qui sont séparées seulement par deux « mornes » : Morne Franck et Morne Madame

Toussaint, après deux heures de route, à dos d'animaux. Un nombre important de couples se sont mariés entre les deux communautés. Au niveau économique, les deux marchés ruraux, celui de Fond-des-Nègres qui a lieu hebdomadairement tous les mardis et celui de Fond-des-Blancs, tous les vendredis se complémentent. Au niveau agricole, quand il y a une mauvaise récolte, les gens de Fond-des-Nègres viennent s'approvisionner à Fond-des-Blancs et vice versa.

Sur le plan géographique, Fond-des-Nègres est situé sur la route nationale No. 2, conduisant vers les Cayes, entre St. Michel du Sud et la ville d'Aquin. Sur le plan écologique, c'est une vallée très fertile où la production agricole inclue une mosaïque de denrées alimentaires tropicales de base. Dans un passé pas trop lointain, la production des « huiles essentielles » à base de vétiver, de citronnelle et de citronniers, était florissante.

Les familles fond-des-blancoises implantées à Fond-des-Nègres comprennent les Vilsaint, les Lalanne, les Maignan, les Bernadel, les Goin et autres.

7. Labaleine

Labaleine est localisée dans une zone dépressionnaire, bornée de deux mornes à orientation parallèle recouverts à 70% d'une végétation arbustive très fragile. Vue d'avion, elle a la forme d'une baleine. Sur le plan géologique, il semble que Labaleine a été recouverte, dans des temps très anciens, par la mer qui s'est retirée graduellement pour donner place à l'installation des communautés qui y vivent. Cependant, au niveau géologique et pédologique, rien n'indique la présence ancienne ou récente d'une flore et d'une faune marine.

Labaleine est située à 5 kilomètres de Sainton. On y accède par la route de Sainton et Buissereth qui conduit jusqu'à la route de 44 et Laborieux. Au haut du morne « Buissereth », on peut toujours admirer la côte marine de Laborieux et de Mouillage-Fouquet.

Labaleine est le fief des familles Lalanne et Maignan. Phénotypiquement, les gens ressemblent à des descendants européens, de type français et polonais.

8. La Colline

Quoique nommée « La Colline », cette localité est une dépression constituée par un ensemble de minimonticules qui forment plutôt une vallée agricole. De Fond-des-Blancs, on y accède par St. Jules, après avoir laissé le morne « Naborne ».

La Colline est surtout habitée par les familles Vilsaint, Carenan, Goin et Déjean.

9. Laborieux

Laborieux était une « habitation » comprenant plusieurs milliers de carreaux de terre utilisés comme pâturages libres, dans le domaine de l'élevage bovin, ovin et caprin. La propriété portait le nom de ses maîtres (Monsieur et madame Laborieux) qui ont fait don du domaine aux « sans terre » qui le travaillait et aux habitants de la zone. Chaque année, il était coutume que les agriculteurs/éleveurs de Fond-des-Blancs ainsi que ceux de la zone étampaient leurs animaux en vue de les identifier et lâchaient leur troupeau dans ces vastes pâturages, et venaient les récupérer en cas de besoins familiaux.

L'écosystème de cette vaste zone a été perturbé très significativement avec l'introduction et l'extension de la plantation de sisal durant la dernière guerre mondiale. Avec le marché des fibres synthétiques remplaçant les fibres du sisal, on a assisté au *collapse* de ces activités dans la région, laissant un environnement xérophytique composée d'une strate arbustive à base de bayaronde ainsi que d'une strate herbacée incluant des espèces herbacées de familles et de genres divers.

10. Lhomond

Au niveau géographique et administratif, Lhomond est partagé en deux. Une partie est située dans le département du Sud. La ligne de partage est la rivière de Lhomond qui se jette dans la mer, en se joignant à la rivière de Côtes-de-Fer. La rivière est à mi-chemin (9km) entre la route nationale No. 2 et le village Sainton. Une zone de dépression alluvionnaire, nommée Abraham, très riche au niveau agricole est utilisée pour la plantation rizicole et des cultures vivrières. Il y a également un marché rural à Lhomond où les usagers et les camions, en provenance de la route nationale No. 2, doivent passer obligatoirement pour accéder à Fond-des-Blancs.

11. Montsignac

Montisgnac est situé sur la route nationale No. 2 conduisant vers les Cayes, à 70 kilomètres de Port-au-Prince et à 12 kilomètres de Carrefour Desruisseaux (Miragoâne). C'est le premier carrefour routier qui conduit à Fond-des-Blancs et sur la route 44, d'ouest en est.

12. Mouillage-Fouquet

Après l'indépendance en 1804, un français du nom de « Fouquet » s'est échoué sur la côte Sud-Est dans son bateau et s'est implanté et s'est installé dans la zone. Les habitants qui y vivaient ont donné le nom de « Mouillage-Fouquet » à la zone qui jusque là ne portait pas de nom. Il semble que la famille Fouquet est venu habiter, par la suite, Sainton, nom du grand marché de Fond-des-Blancs, tout en conservant ses activités à « Mouillage Fouquet ».

Comme Laborieux, Mouillage-Fouquet est situé sur la route « nommée route No. 44 », sur un axe routier comprenant Vieux Bourg d'Aquin, Flamand, Laborieux, Mouillage Fouquet et Côte-de-Fer. Cette même route, située au bord de la mer, et bornée par une belle strate arbustive, conduit jusqu'à la ville de Jacmel, en passant par Côtes-de-Fer, Bainet et la Vallée de Jacmel.

13. Morne Franck et Bellegarde

Cette localité est située sur un « morne » appelé « Morne Franck » qui surplombe à l'ouest la vallée de Fond-des-Nègres, et à l'est Bernadel et Gaspard. Un projet de route qui pouvait faciliter le trajet Bernadel – Fond-des-Nègres, a été exécuté jusque dans la zone de « Sapotille », mais resté inachevé, faute de ressources matérielles. En Jeep, on peut arriver jusqu'à Sapotille, et de là admirer la verdure de la Vallée de Fond-des-Nègres, ainsi que la chaîne des Irois, où se trouve la zone de Paillant.

Bellegarde se trouve tout au début de la route conduisant à Morne Franck. On y rencontre les familles Maignan, Bernadel et Vilsaint tandis que les familles Bruno et Vilsaint sont nombreuses à Morne Franck.

14. Capin

Capin est une petite localité, située sur une montagne qui surplombe la rivière Dugué. De Capin, on peut voir presque toutes les zones avoisinantes de Fond-des-Blancs. Il fait bon d'y vivre, en particulier, les soirs, à cause de la température diurne qui est très clémente. Pour y accéder, il faut utiliser la route de la rivière Dugué en provenance soit de Gaspard, soit de Bernadel.

15. Sainton

Sainton est le point central de Fond-des-Blancs. Il est le village principal et constitue le pôle d'attraction des régions avoisinantes. Situé à 18 kilomètres de la route Nationale No. 2, conduisant vers les Cayes et Jérémie, il a été offert en 1818 par le président Pétion à la famille Sainton, d'origine française, qui voulait rester en Haïti, après l'indépendance en 1804. De ce village, existait plusieurs ramifications routières, conduisant vers Fond-des-Nègres, La Colline, Aquin (Sud-Ouest) et vers Labaleine, Mouillage-Fouquet et Côtes-de-Fer (Sud-Est). C'est dans ce village que se trouve le marché principal, l'église St. François Xavier datée de 1908, des églises protestantes, l'école paroissiale, une coopérative d'artisanat, et l'hôpital St. Boniface supporté par la Fondation St. Boniface Haïti.

16. St. Jules

Laissant Sainton, Gaspard et Bernadel, la route conduit vers St. Jules, petite localité située non loin de Fond-des-Nègres, à l'ouest et à la Colline, au sud. St. Jules constitue une vallée très riche, encadrée par deux « mornes » : Morne Madame Toussaint, sentier conduisant à Fond-des-Nègres, à dos d'animaux et Morne Daborne, bétonné partiellement, conduisant à La Colline et à la route Nationale No. 2, vers les Cayes. Cette zone fut l'écosystème des familles Vilsaint, Pierre-Louis, Riodin, et Bruno.

17. Savane Henry

Savane Henry est une enclave située à une dizaine de kilomètres de Sainton, en passant par Murier et Franchipagne. Ce bourg porte le nom de Henry, d'une famille française qui s'y est réfugiée après l'indépendance en 1804. S'y trouve un marché rural assez important qui approvisionne les zones avoisinantes en produits locaux ou exotiques nécessiteux.

Tableau No. 1 – Localisation Zonale des plus grandes familles de Fond–des–Blancs

Zones	Familles													
	Bernadel	Buissereth	Cassgnol	Guirand	Lahunne	Laudé	Leclerc	Lorthé	Maignan	Mascary	Peltreau	Poteau	Thadal	Vilsaint
Bernadel	+	+		+	+	+			+				+	+
Buissereth		+	+	+	+				+	+		+		
Belle Rivière	+											+		
Dugué	+	+		+					+	+				
Fond-des-Nègres	+				+				+					+
Gaspard	+	+		+	+	+	+		+	+		+	+	+
Capin		+		+		+			+					
Labaleine		+		+	+	+	+		+			+		
La Colline					+				+			+		+
Lhomond														
Laborieux		+		+	+		+		+	+				+
Montsignac				+					+			+		+
Murier & Franchipagne			+	+	+			+	+	+		+		
Mouillage-Fouquet		+	+	+	+	+	+	+	+					
Sainton	+	+	+	+	+	+	+	+	+	+	+	+		+
St. Jules													+	+
Terre-Rouge	+	+		+	+	+	+		+					+

Chapitre III

Les activités socio-économiques de Fond-des-Blancs et de ses zones avoisinantes

❖

1. L'agriculture

L'agriculture est la vie économique de Fond-des-Blancs. Malgré la régression de sa productivité, avec le temps, du fait de la situation écologique de la zone, de la répartition et de la division des terres au niveau cadastral, de la rareté des forces de travail, et de la pression démographique, l'agriculture reste l'activité essentielle de Fond-des-Blancs et demeure la force motrice de la zone au niveau socio-économique. Pour preuve, l'indice du marché rural, qui se tient tous les vendredis, est calculé empiriquement sur la base du volume de produits alimentaires qui sont mis en vente. Une mauvaise récolte oriente les gens vers d'autres pôles d'attractions, comme les marchés de Fond-des-Nègres, de Belle-Rivière, de St. Michel du Sud, de Savane Henry et de Miragoâne.

Actuellement la main-d'œuvre pour les travaux agricoles a baissé considérablement, ce qui occasionne corrélativement une régression dans la productivité de ce secteur. Aussi, les systèmes de production sur lesquels repose l'agriculture, sont empiriques et désuets.

Dans le passé, lors de l'époque florissante de l'exploitation du sisal, il existait trois « décortiqueurs » pour la préparation des fibres.

59

Actuellement, tout a disparu; il en est de même des « tilleurs de pite » spécialisés dans ce genre de travail. Dans la zone de Gaspard, la culture de la canne à sucre était exploitée sur l'habitation « Chillon Guirand » qui possédait « un moulin à canne » et de l'équipement pour la transformation du sirop et de la mélasse de canne.

Avant 1980, presque chaque famille disposait d'un « moulin à bras » pour la transformation du maïs en grain et aussi d'un « pilon » pour le traitement du « millet ». Ces pratiques traditionnelles ont disparu et ont laissé la place à des « moulins à moteur » dans certaines zones comme Sainton, Bernadel et Bellegarde.

A Fond-des-Blancs, l'agriculture inclue une diversification d'espèces qu'on peut classer comme suit :

- Céréales: Maïs, millet
- Légumineuses: Pois rouge, pois noir, pois de souche, pois
                              congo, pois diangan
- Racines et tubercules: Banane, patate, igname, manioc, malanga,
                              mazoubelle
- Cultures maraîchères: Tomate, aubergine, chou, épinard, giromon,
                              concombre, « kalalou », champignon
- Les arbres fruitiers: Manguier, avocatier, sapotille, cayemitte,
                              orange, mandarine, abricotier, citronnier, que-
                              neppier, papayer, goyavier, « cirouelle », tama-
                              rinier, jaune d'œufs
- Plantes industrielles: Café, sisal, canne à sucre, cocotier. De cette
                              liste de plantes industrielles, il n'y a que le café
                              qui conti nue de végéter et qui est en voie de
                              disparition
- Espèces forestières: Il n'y a plus de forêt à Fond-des-Blancs et ses
                              zones avoisinantes. Cependant, d'une façon
                              globale, l'observateur averti peut apprécier une

60

couverture végétale composée de trois strates distinctes. Une strate arborée, une strate arbustive et une strate herbacée. C'est la strate arborée qui a disparu sous l'effet des coupes sucessives dues au phénomène du déboisement. Malgré des activités relatives à la fabrication du charbon de bois, Fond-des-Blancs a une couverture végétale allant de 60 à 70%, tout dépend de la zone et des bassins versants.

La strate arborée qui pourrait être identifiée comme une forêt claire dégradée est composée d'espèces en voie d'extinction comme le cam pèche, l'acajou, le bois de feu, le bois chandelle, le guayac, le bois de poule, la bayonnette, la mapou, le saman. La strate arbustive comprend particulièrement le bayaronde constituant une régression de la strate arborée.

La strate herbacée est composée de graminées et de légumineuses annuelles ou pérennes, et de mauvaises herbes qui peuvent jouer un rôle dans le phénomène de l'érosion. Cette strate indique aussi une régression des deux autres citées antérieurement.

Il semblerait que l'indigo était l'une des principales denrées à Fond-des-Blancs, pendant le 19ème siècle. Il en était de même du café et du cacao. Si au 20ème siècle aucune trace de cacao n'a pu être trouvée dans l'écosystème écologique de la zone, il n'en était pas de même pour

61

l'indigo dont des reliques ont été observées vers 1920 à 1930.

2. L'élevage

L'élevage fait partie intégrante des systèmes de production agricole pratiqués à Fond-des-Blancs et dans ses zones avoisinantes. Il constitue une stratégie socio-économique très importante dans l'économie paysanne des différentes zones et s'est toujours accordé une place de choix dans les activités agricoles.

Traditionnellement, le bétail est considéré comme une forme de biens durables dans l'économie de Fond-des-Blancs, mais reste très archaïque. L'usage des animaux est multiple. Ils constituent un moyen d'épargne et de richesse importante pour les agriculteurs.

Les principales espèces de bétail formant le cheptel à Fond-des-Blancs sont : les bœufs, les porcs, les ânes, les chevaux, les mules, les cabris et les volailles. On y rencontre également des moutons, mais pas en très grand nombre.

Les grands troupeaux n'existent pas. L'élevage se pratique surtout à l'échelle familiale. L'un des facteurs limitant l'élevage à Fond-des-Blancs, est la rareté des pâturages. La plupart des agriculteurs possédant des animaux utilisent dans une très petite proportion des fourrages de leur propre terre, et le reste dans des terres situées aux abords des routes et des terres en jachères.

L'élevage est considéré comme une banque d'épargne. Parfois les animaux sont achetés à un prix très bas, à certaines époques de l'année, et revendus ultérieurement pour l'acquisition d'autres biens, comme, la terre, la construction d'une maison, l'organisation d'un mariage ou de funérailles, l'écolage des enfants ou le financement des démarches pour l'émigration d'un membre de la famille vers les États-Unis, la France, le Canada ou d'autres destinations. La traversée se fait grâce à l'élevage.

Dans le marché rural de Fond-des-Blancs à Sainton, se trouve une place privilégiée où se fait le commerce du bétail chaque vendredi, jour officiel du marché.

3. Le marché rural de Fond-des-Blancs

Ce marché a été créé à la fin du XIXème siècle. Il est situé à Sainton. Officiellement, il fonctionne deux fois par semaine : le lundi, c'est le jour du « petit marché », le vendredi, c'est celui du « grand marché ». Les activités commerciales s'opèrent dans ce « grand marché » qui est devenu un centre d'attraction économique et financier pour toutes les zones avoisinantes de Fond-des-Blancs. Son importance a valu l'installation d'un bureau de la Direction Générale des Impôts, appelé populairement « Bureau des Contributions » qui est chargé de collecter les recettes et de les transférer au bureau d'Aquin.

Les résidents d'autres localités, comme Fond-des Nègres, St. Michel du Sud, Pemel, Lhomond, Belle Rivière, St. Jules, Savane Henry, Labaleine, Laborieux, Côtes de Fer, fréquentent régulièrement chaque semaine le marché de Fond-des-Blancs, quoiqu'ils utilisent d'autres marchés communautaires, situés à des distances non négligeables de Sainton.

Une demi douzaine de gros camions en provenance de Port-au-Prince et de Miragoâne assurent le transport des produits destinés à la vente le jour du marché. Tandis que les camionnettes appelées communément *Tap-Tap*, au nombre d'une dizaine, emmènent les passagers utilisateurs du marché en provenance d'autres zones. La possession d'un âne, d'un cheval ou d'une mule, par les paysannes, est très importante, car ce sont ces animaux qui sont capables d'aider et faciliter le transport des produits agricoles au marché.

En 1990, la Direction Générale des Impôts, avait l'intention de transférer le marché dans une autre localité, mais aucune décision n'a jamais été prise. En 1998, le Ministère de la Planification a initié un projet, financé par le gouvernement espagnol, visant la construction d'un marché moderne. Les travaux ont démarrés, puis arrêtés quelques mois après. Ils n'ont jamais continué, laissant des squelettes de pilonnes et de poutres en béton, ainsi que des charpentes métalliques en proie à l'oxydation.

En 2002, sur demande de l'auteur, quelques membres de la communauté ont rassemblé le matériel métallique en lieu sûr pour éviter leur éventuelle perte. Malheureusement, jusqu'en 2006, l'année où l'auteur écrit ce document, les travaux n'ont jamais repris.

Des démarches ont été entreprises auprès des pouvoirs publics, ainsi que des institutions de coopération bilatérale pour la continuation de la mise en œuvre du projet et de la reprise des travaux mais, sans succès jusqu'à maintenant (2006).

4. Les « Gaguères » et les pseudo « banques de borlette »

Les « gaguères » ont existé à Fond-des-Blancs depuis des décades, mais pas en si grand nombre, comme on le constate actuellement. La plus grande gaguerre est située à Sainton où les combats de coq se font à un rythme hebdomadaire. Les habitués à ce genre d'opérations viennent d'un peu partout, particulièrement de Port-au-Prince et d'autres villes de province, ainsi que des zones avoisinantes de Fond-des-Blancs. Ces dernières possèdent leurs propres « gaguères » qui d'un

64

commun accord avec celle de Sainton, préparent d'avance leur programme annuel d'opérations se soldant par plusieurs millions de gourdes.

Un autre phénomène qui est d'actualité à Fond-des-Blancs est celui de l'existence des « banques de borlette » qui ont fait leur apparition depuis une quinzaine d'années. Chaque zone possède plusieurs unités de « borlette », situées dans des points stratégiques, en particulier dans les carrefours des routes principales et des ramifications vicinales. De Sainton à St. Jules, on peut inventorier une dizaine de banques localisées dans les endroits suivants : (1) environs du marché ; (2) carrefour de l'église et de l'hôpital ; (3) Terre-Rouge ; (4) Gaspard ; (5) Morne Camp ; (6) Bernadel ; (7) Bellegarde ; (8) Bandiane ; (9) Croix Paul (10) St. Jules.

La gestion de ces « pseudo banques » se fait à partir des grandes villes comme les Cayes et Miragoâne. Leurs représentants viennent quotidiennement collecter à motocyclettes les résultats de vente pour la journée. La prolifération des « borlettes », quoique générant quelques activités dans la région, favorise toutefois une tendance vers l'oisiveté et la paresse, particulièrement chez les jeunes. Ces derniers reçoivent mensuellement une subvention d'un parent émigré des États-Unis, de la France ou d'ailleurs, pour les frais d'écolage ou les dépenses journalières. Au lieu d'investir une partie pour l'achat d'un porc, d'un cabri, ou de volailles qui pourraient générer d'autres valeurs induites ou d'autres revenus, ils vont perdre le tout dans ce jeu de hasard.

5. Les salles de cinéma mobile

Durant la dernière décade du $20^{\text{ème}}$ siècle (1990-2000), a vu le jour un genre d'activité nouvelle à Fond-des-Blancs : celle de la projection de films, particulièrement des films tournés en Haïti, en utilisant des C.D., des vidéos et des D.V.D. Ces séances de projection offrent l'opportunité aux adultes et aux jeunes des moments de distraction et de plaisir pendant leur temps libre.

6. Un cyber café à Fond-des-Blancs

En 2004, un groupe restreint a eu l'idée d'installer un cyber café, de l'appellation « Vision Net » à Fond-des-Blancs. Cette installation est dotée de panneaux solaires, d'une génératrice et de photocopieuses, ainsi que des cabines téléphoniques avec l'Amérique, l'Europe et d'autres parties du monde. Ce qui évite à beaucoup de gens de se rendre à Port-au-Prince ou dans d'autres villes proches pour envoyer un message à un parent ou un ami se trouvant en Haïti ou à l'extérieur. Il en est de même pour l'envoi des courriers électroniques. Ce genre de micros entreprises est à encourager surtout dans les zones rurales de l'arrière-pays.

Il faut ajouter également que dans les coins les plus reculés de Fond-des-Blancs, les gens qui ont la possibilité disposent des téléphones mobiles pour leur communication. Les compagnies de « cell-phones » qui se trouvent sur le marché à Fond-des-Blancs, sont COMCEL et DIGICEL. Cette dernière compagnie a conquis 75% du marché après l'installation de deux relais transmetteurs, l'un à Sainton et l'autre dans les hauteurs de Labaleine.

Un bureau de Western Union, faisant partie intégrante du « Cyber café », a été installée récemment. Cette agence joue un rôle très important dans les processus de transfert d'argent tant au niveau national qu'international.

En l'an 2000, la Compagnie de Téléphone et de Communication (TELECO) voulait installer une unité téléphonique à Fond-des-

Blancs. Une maison incluant un bureau et plusieurs cabines téléphoniques a été aménagée à cette fin. Le matériel et l'équipement ont été mis en place, mais pour des raisons inconnues, le projet n'a jamais été mis en œuvre.

7. Une autre source d'énergie pour Fond-des-Blancs: L'énergie solaire

L'utilisation de l'énergie solaire a commencé vers 1986. Les premières installations ont été faites au presbytère de l'Église St. François Xavier et chez monsieur et madame Auguste Guirand, commerçants à Sainton. Par la suite, vers 1995 le Centre de Santé St. Boniface, la résidence de l'Agronome Férauld Maignan à Bernadel et autres maisons ont été électrifiées grâce à l'adoption de ce système qui, malgré son coût, représente un investissement non négligeable à long terme. En 2006, l'usage de l'énergie solaire est répandu dans la communauté. Environ une cinquantaine de maisons sont dotées de panneaux solaires et de batteries pour la production de l'énergie. Un grand nombre de familles l'utilisent pour l'éclairage électrique, d'autres pour l'approvisionnement de leur réfrigérateurs et congélateurs, et aussi pour leur système de *computérisation* et de télévision. Ceci constitue une grande étape vers le progrès.

En 2003, le Révérend Pasteur Thomas avait envisagé un projet communautaire de production d'électricité avec l'utilisation d'un réseau de génératrices mais la population n'était pas prête, à ce moment là.

En 2006, une organisation non gouvernementale (ONG) est venue avec l'idée d'un système électrique sur la base d'utilisation de la « biogaz », en utilisant les fèces de bovins. Ce projet semble-t-il est toujours à l'étude.

8. Un autre type d'économie locale préoccupante : La production du charbon de bois.

Si les cyclones ont ravagés presqu'entièrement les plantations de café à Fond-des-Blancs, ils ont aussi laissé un substractum fragile, favorable au phénomène de l'érosion, à cause de la disparition des strates arborées sur les différents bassins versants qui existent dans la région. L'industrie du café et du sisal étant au point mort, les paysans ont adopté une autre alternative : celle de la fabrication du charbon de bois, ce qui, à court, à moyen, et à long terme constitue un vrai désastre à Fond-des-Blancs et ses zones avoisinantes. En moyenne, trois camions de fort tournage transportant deux cents cinquante sacs de charbon chacun, partent quotidiennement de Fond-des-Blancs pour Port-au-Prince où la vente se fait. Autrefois, Fond-des-Blancs était producteur de campèche, de gaiac, de l'acajou et d'autres arbres précieux, mais un triste constat écologique est fait aujourd'hui : Ces arbres ont presque disparus de l'environnement laissant plutôt une strate arbustive constituant un écosystème fragile, à base de bayaronde et d'autres espèces. Quant à présent, on peut se rendre compte d'une couverture végétale de 65% à 75%, composée par la strate arbustive et une strate herbacée. Cependant, quand on herborise dans les différents bassins versant qui protègent Fond-des-Blancs, on se rend compte de l'intensité de la coupe des arbres, en particulier le bayaronde, ce qui provoque une érosion dévastatrice. Un autre constat, c'est aussi la coupe insensée d'arbres fruitiers comme des avocatiers, des manguiers, des abricotiers, des pamplemoussiers, orangers, etc...

Si aucune mesure n'est prise pour la protection des différents bassins versants qui entourent Fond-des-Blancs, cette zone aura le même sort écologique que connaît une bonne partie du territoire national. La coupe exagérée d'arbres et d'arbustes menace certainement ces bassins versants, en particulier, Mangot Povèt, Sainton, Coin d'Arc, Morne Dugué, Morne Perine, Morne Lami, Terre-Rouge, Nan Dioc,

Ballangnin, Capin, Armagnac, Morne Manioc, Bellgarde, Nan Jean-Baptiste, Nan Polica, Nan Rosalie, Ka Franck, Les Irois, St. Jules et Source Sigué. Les zones de Labaleine et de Laborieux où existent en abondance le bayaronde pourraient faire l'objet d'un aménagement très simple et pratique, dans le but d'utiliser rationnellement cette espèce pour la fabrication de charbon de bois. Un essai d'aménagement réalisé sur le bayaronde utilisant un système de rotation de 5 carreaux à raison de 1 carreau par an, a permis de conclure qu'à partir de la 5ème année après la première coupe, la régénération a produit des sujets prêts à être exploités pour la fabrication du charbon, sans nuire à l'écosystème. Le bayaronde est une espèce xérophytique, à croissance rapide, qui se régénère facilement.

Cet essai pourrait être une alternative dans la lutte anti-érosive et contre le déboisement à Fond-des-Blancs.

9- L'impact des cyclones sur la production caféière et d'autres denrées diverses à Fond-des-Blancs.

En 1917 et 1928, eurent lieu deux cyclones qui n'ont pas eu de noms et qui ont été des désastres pour les plantations caféières et les bananeraies. La production de ces deux plantes industrielles a été réduite significativement. Sur le plan agronomique, le caféier, le bananier et le cacaoyer sont considérés comme des plantes ombrophiles. Les arbres de couvertures utilisées comme arbres d'ombrage, sont de croissance rapide et sont constitués par le Saman, le Gommier, le « Gren Zoliv ». Ces arbres ont été presque tous détruits par ces deux cyclones, et en conséquence les plantes arbustives produites sous leur couvert.

Les plantations de café et de cacao n'ayant pas été renouvelées, la production a régressé considérablement, ce qui a été un poids négatif très lourd, au niveau socio-économique, pour le paysannat de Fond-des-

Blancs. Au lieu de procéder à la régénération caféière, le département de l'agriculture a lancé une campagne pour l'introduction du sisal, vers 1930, ce qui fut une opportunité pour la relance économique de la zone, du fait de la demande mondiale pour cette plante industrielle qui, à cause de sa taille, n'est jamais affectée par des désastres naturels, comme les cyclones. Quoique le sisal a permis une situation économique florissante pour Fond-des-Blancs, mais, c'était passager. La première maison fabriquée en ciment et à étage, fut construite en 1950, en face du marché rural et appartenait à un grand commerçant qui s'appelait Osa Brice. C'était vers cette période que les toits en « chaume » à base de l'herbe de Guinée, commençaient à se substituer aux toits en « tôles ». La 2ème guerre mondiale étant terminée, l'exportation du sisal a régressé du fait de la baisse considérable de la demande et aussi de l'utilisation des fibres synthétiques.

En 1954, un autre cyclone du nom de Hazel a détruit plus de 95% de ce qui restait comme plantation caféière, à cause de leur exposition aux vents violents et de l'absence d'arbres de couverture emportés au cours des premiers désastres.

Le cyclone Hazel a laissé Fond-des-Blancs avec des ilots de caféiers soit dans certaines petites vallées ou dans des flancs de collines. Rares étaient les producteurs qui possédaient après Hazel un carreau de terre d'un seul tenant planté en café. Citons les familles Nissage Guirand et Olmann Maignan qui possédaient chacune un peu plus d'un carreau en café dans la zone de Bernadel. La propriété de Olmann Maignan a été rachetée par Ernest Bernadel en 1990.

Le dernier cyclone qui a ravagé presqu'entièrement ce qui restait comme caféiers à Fond-des-Blancs fut « Flora » en 1963. Depuis lors, des tentatives personnelles de la part des paysans pour relancer des miniplantations ont échouées. Maintenant, la production et le marché du café à Fond-des-Blancs sont quasi inexistants.

Chapitre IV

Autres activités d'importances au niveau du développement

❖

1-   « Haiti projects »

Dans les années 1992-1993, une organisation humanitaire, dénommée « Haïti projects » a initié la mise en œuvre à Fond-des-Blancs de nombreux projets très ponctuels dont l'importance mérite d'être signalée.

La promotrice de cette organisation est madame Sarah Hackett, une infirmière de nationalité américaine qui, pendant sa vie de retraitée, s'est retirée partiellement à Fond-des-Blancs aux fins d'exécuter ces projets qui ont contribué significativement au développement de la communauté tout en améliorant la situation de vie de la population récipiendaire. Parmi ces projets, citons les cinq (5) suivants :

1. La Clinique de Santé Familiale créé en 1995 est l'unique institution locale qui offre aux femmes rurales des services dans le domaine de « planning familial » et des méthodes de contrôle de fertilité. La moyenne d'enfants par famille est de sept (7). Un taux supérieur à celui du niveau national. La clinique commença son programme avec 47 femmes, mais comptait en 2006 plus de 400 qui sont des patientes régulières avec une moyenne de 1200 consultations annuelles. Le résultat est tangible.

2. Le Rassemblement des Travailleurs Paysans (RATRAP) est l'une des plus importantes organisations rurales à Fond-des-

Blancs. Son programme inclue particulièrement des projets de développement relatifs au micro-crédit, la vulgarisation et la production agricole, l'élevage, la conservation des sols et l'aménagement des bassins versants. A la tête de RATRAP se trouve un leader local très dévoué en la personne de Briel Leveillé.

3. Le Programme de l'Éducation des Enfants a été établi en 1997. L'objectif était de prendre en charge les dépenses couvrant les frais scolaires, les uniformes, les souliers, les cahiers, les livres et les crayons pour les enfants nécessiteux à Fond-des-Blancs. Le programme inclue également une cantine qui fournit un repas quotidien à 400 enfants. Le contrôle de ce programme est dirigé au niveau local par un animateur en développement, originaire du Plateau Central, en la personne de monsieur Durand Dubréus.

4. La Coopérative d'Artisanat des Femmes de Fond-des-Blancs, a été créé en 1996. C'est une mini-industrie de couture et de broderie artisanale qui fabrique mensuellement d'excellents produits dont la vente se fait aux États-Unis et en Haïti. En 2006, la coopérative a 50 femmes membres pour lesquelles elle constitue leur unique source de revenus qui doivent fournir de la nourriture, des vêtements et l'écolage pour leurs enfants. Le résultat est significatif : D'un niveau financier de zéro revenu pour la plupart des membres de la coopérative, leur profit a augmenté d'une moyenne de 1000 à 2000 dollars américains comparé au revenu national de 250 dollars américains.

5. La Petite Bibliothèque Communautaire créé en 2001 joue un rôle fondamental dans le cadre de l'éducation à Fond-des-Blancs. Ce fut le premier projet culturel dans la communauté. Son impact sur les jeunes et les adultes est significatif. Parmi les 2000 enfants fréquentant quotidiennement l'école à Fond-des-Blancs, une moyenne journalière de 50 utilise la librairie.

2- Les magasins de vente

Le marché rural de Fond-des-Blancs à Sainton est le centre d'attraction socio-économique la plus importante dans la zone. Il existe également une multitude de points de vente, disséminés un peu partout, pour quelques produits très limités. Vers 1950, le magasin de vente le plus important appartenait à Osa Brice. A présent, il faut mentionner 3 boutiques de vente : Monsieur et madame Auguste Guirand ; monsieur et madame Frédéric Guirand ; et monsieur Auriol. Les deux premiers sont spécialisés dans la vente de produits alimentaires, tandis que le dernier approvisionne du matériel hydraulique. Ces magasins de vente ainsi que les petits marchands constituent une base économique solide pour Fond-des-Blancs et ses zones avoisinantes.

3- Le système d'adduction d'eau potable à Fond-des-Blancs

En 1998, une requête a été produite au gouvernement Espagnol, à travers la Caritas Espana, par l'Agronome Férauld Maignan, directeur général de la Caritas Nationale d'Haïti, en vue de l'établissement d'un système d'eau potable à Fond-des-Blancs. Le projet consistait à canaliser l'eau de la rivière Dugué vers Sainton, établir une citerne, un certain nombre de kiosques publics et approvisionner l'eau à des privés, moyennant paiement à qui le désiraient. Les bénéficiaires seraient au nombre de 6000 usagers. En 1999, le projet a reçu l'approbation de la Caritas d'Espagne. Le Service National d'Eau Potable a également donné son accord pour sa mise en œuvre. Un comité Ad hoc formé de différents membres de la communauté a été créé pour le suivi des opérations et la gestion du système, un fois opérationnel. Les travaux ont été effectués par une firme nationale, basée aux Cayes. Des difficultés d'ordre technique et d'ordre administratif ont surgi durant l'exécution du projet. La communauté a demandé le remplacement complet de la tuyauterie qui n'était pas adéquate à la conduite de l'eau en provenance de la rivière Dugué jusqu'à Sainton. Le 3 décembre 2001, le Révérend Père Wilnès Tilus, a inauguré le système d'eau potable sous l'égide de la Caritas. Les premiers usagers ont eu le privilège de recevoir, pour la première fois, de l'eau, soit en privé, soit dans des kiosques publics. Un autre comité a été mis en place par le Révérend Père Hervé François, curé de la paroisse, en remplacement du comité ad hoc. En 2004, une autre requête a été formulée, à nouveau par l'Agronome Férauld Maignan en vue de l'élargissement de l'actuel système jusqu'à Buissereth et Bernadel. Helvetas, une ONG travaillant dans le secteur du développement a approuvé cette deuxième phase. Trois kiosques supplémentaires, un, à Buissereth, et deux autres respectivement à Gaspard et à Bernadel ont été construits.

En 2005, le cyclone Jeanne a endommagé le système de tuyauterie. L'eau n'a jamais atteint Bernadel. La pompe d'eau est tombée en panne. Le système est devenu inopérationnel depuis lors, à cause de la mauvaise gestion du comité en place.

La réhabilitation du système devait avoir une place prioritaire dans des projets de développement à Fond-des-Blancs.

4- Éducation et loisirs

Il existe à Fond-des-Blancs trois grandes écoles qui ont pour mission d'inculquer la science du savoir aux enfants et à la jeunesse appelés à devenir le futur et l'avenir de la zone. Ce sont : L'École Nationale de Fond-des-Blancs, l'École Presbytérale St. François Xavier et l'École Adventiste « Pasteur Jean Thomas ». Ces trois institutions reçoivent quotidiennement environ deux milles élèves en provenance de Fond-des-Blancs et des zones avoisinantes. Additionnellement à ces institutions figurent d'autres écoles privées comme l'École « Armée du

Salut » de Bellegarde, l'École Etzer Villaire « La Sciencia » et l'École Golgotha, à Sainton.

En l'an 2000, le propriétaire de l'École Etzer Vilaire, monsieur Fernand Lorthé, un agriculteur leader de la communauté a eu l'idée de fonder cette école qui reçoit une centaine d'élèves et aussi construire un local semi moderne que la communauté pourrait utiliser pour des réunions communautaires, pour des réceptions lors d'un mariage, pour la rencontre des jeunes et adultes, pour des bals champêtres, etc... Attenante à cette construction, se trouve un terrain de football très utile pour les jeunes adonnés à ce sport.

5-   Projet de construction d'un miniaéroport rural

Au début de l'année 2006, le Révérend Pasteur Thomas a eu l'initiative de préparer ce projet avec d'autres partenaires dans un but communautaire et privé pour la construction d'un miniaéroport qui pourra recevoir des petits avions de transport en provenance de Port-au-Prince ou d'ailleurs. Deux sites avaient été proposés, l'un à Bernadel et l'autre à Dugué. Celui de Dugué a été choisi. Les travaux de débroussaillement et de nivellement ont commencé en mai 2006.

6-   Les organisations paysannes de développement à Fond-des-Blancs

Au niveau communautaire, dix sept (17) associations paysannes de développement ont vu le jour à Fond-des-Blancs et dans les zones périphériques, les plus représentatives étant notamment :

- ◆   Association des Paysans de Fond-des-Blancs (AFPB) ;
- ◆   Coopérative de Développement de Fond-des-Blancs (CODEF)

- ◆ Rassemblement des Travailleurs Paysans (RATRAP) ;
- ◆ Fondation pour le Développement et la Défense des Intérêts de Fond-des-Blancs (FODDIF).

A noter que la FODDIF instituée en l'année 2002, a pour mission essentielle de mieux regrouper et coordonner les actions présentes et futures de l'ensemble des organisations et associations locales de développement existantes.

Conscientes de la précarité des conditions socio-économiques dans lesquelles évolue Fond-des-Blancs et ses zones avoisinantes et dans le souci d'apporter des éléments de réponses concrètes à un certain nombre de problèmes majeurs du milieu, les associations paysannes suivantes ont été créées :

ABLD	Association de Bataillons de Lumière de Duverger
APDEP	Association de Paysans pour le Développement de Platon
APFB	Association de Paysans de Fond-des-Blancs
APMT	Association de Paysans de Morne Therlo
APVL	Association de Paysans Vaillants de L'homond
ASPEB	Association de Paysans de Beaudouin
ASPES	Association Paysans Sadère
CODEF	Coopérative de Développement de Fond-des-Blancs
CREDP	Comité de Relèvement de Développement de Puits Salés
CRDF	Comité de Relèvement pour le Développement de Fond-des-Blancs
KPF	Konbit Peyizan Franchipagne
MODEB	Mouvement pour le Développement de Labaleine
MODEF	Mouvement pour le Développement de Franchipagne
MOPO	Mouvement d'Organisation pour le Développement Oranger
ODEPA	Organisation pour la Défense d'Aquin

ODQF	Organisation pour le Développement du quartier de Fond-des-Blancs
OPDB	Organisation Paysanne pour le Développement de Berthol
RATRAP	Rassemblement des Travailleurs Paysans
UCOORPREF	Union de Coopération des Organisations Paysannes pour la Restauration de l'Environnement de Fond-des-Blancs

Chapitre V

Perspectives d'avenir

❖

1. À la recherche d'un plan d'action stratégique pour Fond-des-Blancs

Le premier problème de Fond-des-Blancs, c'est d' « améliorer très rapidement comme c'est le cas au niveau national la nourriture et les moyens de vie d'une population qui croit extrêmement vite. » La promotion économique de tous les Fond-des-blancois devra être l'objectif de tout plan d'action qui sera un jalon de développement intégré, ayant pour but final de faire de tous les habitants des producteurs et des consommateurs.

Cette évolution économique devra marcher de pair avec l'évolution sociale de venir servir de support à une éventuelle promotion politique, à condition de promouvoir administrativement Fond-des-Blancs au rang de commune.

L'avenir de Fond-des-Blancs est en effet fonction, non seulement des conquêtes sociales (éducation de tous, amélioration des conditions de travail, d'habitat d'hygiène, de santé, etc...), mais aussi de revenu de chacun, toutes choses dont l'homogénéité est à la base du rapprochement des populations. Aussi, devons nous essayer de faire nôtre, l'adage ci-dessous : « Évolution économique d'abord, car c'est elle qui permet tout ».

Jusqu'à ces dernières années, l'agriculture s'est chargée de fournir la

79

plus grande partie des ressources de la population de Fond-des-Blancs. Malheureusement, les possibilités de cette agriculture sont limitées et comme suite à l'évolution démographique, les autres secteurs d'activité doivent prendre une importance relativement croissante.

1.1. L'équilibre entre les diverses formes d'activités

Il sera indispensable d'arriver à équilibrer, aussi bien les charges que les avantages des divers secteurs des activités à Fond-des-Blancs. Dans une zone rurale à forte densité de population, l'agriculture est incapable d'assurer des ressources convenables à une forte proportion d'humains. A Fond-des-Blancs, le milieu terrien continue à végéter dans ses multiples difficultés, incluant un sous-emploi chronique et un niveau de vie non amélioré comparativement au passé. Les charges devront être réparties entre tous les secteurs et l'agriculture ne saurait porter seule le fardeau d'une masse sous évoluée.

Église St. François Xavier de Fond-des-Blancs, paroisse créée en 1908.

1.2. La conception d'un plan agricole

Tout plan stratégique doit être basé sur le présent, tirant parti de l'existant et aussi des enseignements du passé. Mais il doit également préserver l'avenir, la situation actuelle n'étant pas immuable et devant évoluer à plus ou moins brève échéance. C'est ainsi qu'il conviendra d'éviter les structures agricoles trop rigides, véritables entraves à une évolution importante et rapide. Au contraire, il faudra des technologies adaptées aux conditions du milieu humain et physique. Enfin, un éventuel plan devra déterminer un véritable renouveau à Fond-des-Blancs par sa résonance au sein de la population.

Un paysage de Fond-des-Blancs

1.3. Quelques réalités agricoles de Fond-des-Blancs

Au sujet de l'agriculture à Fond-des-Blancs, il est permis de conclure que :

1) La productivité de l'agriculture est très faible. Les rendements moyens des principales cultures ainsi que le revenu du travailleur de la terre sont très bas.

2) Les hommes sont surabondants, d'un niveau technique moyen très bas, les cadres sont inexistants. La population agricole active est donc insuffisamment occupée, mais aussi mal utilisée.

3) Comme suite au caractère pléthorique du peuplement agricole, la terre est rare, très morcelée, la superficie dévalue à chacun étant trop réduite. Ses possibilités productives sont par ailleurs limitées par le climat.

4) Les moyens de production, les capitaux notamment ; sont très insuffisants et même inexistants, et pourtant fréquemment mal employés. Les besoins s'avèrent immenses.

5) Un secteur agricole attardé ou traditionnel, particulièrement défavorisé. Dépourvu d'élites, ne disposant que de peu de terres par individu, sans capitaux et avec des moyens archaïques, il est voué à une économie familiale, pratiquement orientée vers sa seule subsistance.

6) Les structures agraires les plus courantes ne favorisent pas l'évolution. Les moyens usuels d'action (vulgarisation, formes de crédits, etc) sont inadaptés à ces structures agraires, aux coutumes et à la mentalité de la masse des exploitants.

7) Les conceptions agricoles étrangères et les structures agraires qui s'y rattachent semblent impossibles à transposer dans le milieu rural de Fond-des-Blancs. La petite propriété rurale d'exploitation familiale ne saurait constituer le creuset d'un développement rapide de l'agriculture.

8) Les besoins de la population Fond-des-Blancoise en denrées agricoles croissent plus rapidement que la production et risquent de ne plus être satisfaits à brève échéance.

9) Les marchés de nombreux produits agricoles sont inorganisés, la production est insuffisamment valorisée souvent incomplètement utilisée, et le paysan ne tire pas de ses récoltes tout le profit qu'il est en droit d'en attendre.

Une vue des montagnes avoisinantes de Fond-des-Blancs

2. Les objectifs

Face à une population qui s'accroît à la cadence de 3 – 4% par an, et à un peuplement agricole excessif et qui ne saurait se réduire dans l'immédiat, l'agriculture à Fond-des-Blancs devra avoir deux objectifs principaux :

◆ L'un d'ordre général, au bénéfice de toute la population, viserait à donner à tous une alimentation satisfaisante et au meilleur compte.

◆ Le deuxième objectif intéresse au premier chef les populations agricoles, les paysans : Il s'agit d'assurer au nombre maximum de ruraux des moyens de vie convenable.

Ces deux objectifs se complètent fort utilement, car dans le monde moderne, avec les moyens puissants de production à sa disposition, l'agriculteur est capable de produire beaucoup plus que ses propres besoins.

Pour atteindre ces objectifs, il serait souhaitable d'intervenir dans les directions suivantes :

◆ Sur la production agricole proprement dite.
◆ Sur le marché des produits agricoles.
◆ Sur l'environnement physique.
◆ Sur la réalisation des récoltes.
◆ Sur les conditions et le coût de la vie des populations.

C'est en agissant à la fois sur les hommes, sur la production et sur les structures agraires et l'organisation des agriculteurs qu'on y parviendra, car l'action sur un seul de ces secteurs ne saurait véritablement mener au succès.

84

3. Les principes de l'action et les idées directrices

Les idées directrices devront s'orienter vers l'efficacité. Préalablement à toute action, il faudrait avoir une bonne connaissance du milieu physique et des problèmes humains.

Toute action de valeur devra être basée sur les conditions locales :

- Les hommes, leur densité, leurs coutumes et leurs ressources ;
- Le milieu physique, dont l'intelligence sur les revenus des hommes et leur comportement, est prépondérant, aussi bien dans le présent par l'usage qui en est fait que dans l'avenir par ses possibilités.

On ne peut entraîner les hommes qu'en agissant sur leurs points sensibles d'où la nécessité de procéder localement à une analyse soignée des populations intéressées et de leur milieu de vie.

Nous devons non seulement étudier le présent mais également envisager l'évolution possible tout au moins sur une période assez courte, 10 ans par exemple.

L'étude humaine est affaire de contacts poussés. Celle du milieu physique présente des difficultés que seuls des hommes de l'art peuvent résoudre. La connaissance très insuffisante des sols et des possibilités en eau de Fond-des-Blancs sera certes une entrave importante à l'établissement d'un plan véritable. Chaque problème est à étudier en détail et doit avoir sa propre solution.

Quelle que soit leur nature, tous les moyens mis en œuvre (principes, méthodes, structures agraires et organisations agricoles, forme de crédit de vulgarisation, d'action matérielle et humaine), doivent constituer en eux-mêmes des facteurs d'évolution obligatoire.

L'état par exemple, ne saurait s'engager qu'après avoir pesé toutes les conséquences de ses décisions.

Toute mesure nouvelle devra être bien étudiée et adaptée au milieu humain et physique qui devra en bénéficier ou la supporter. Elle ne devra être prise qu'en fonction des objectifs qu'elle est susceptible d'atteindre.

Il est bon de ne pas oublier que nous agissons sur un monde vivant qui a ses propres réactions. Les réactions humaines d'Haïti, sont liées à l'origine des populations, à leurs coutumes, à leur milieu de vie et à leur niveau social.

La charité sous toutes ses formes doit être bannie de l'action tendant à la promotion économique et sociale des adultes et adolescents. Elle est à réserver au seul bénéfice des invalides. La vie haïtienne fourmille de contrats de formes multiples, dont l'État a tout intérêt à s'inspirer pour son action, s'il y a action. Plus de dons pratiquement sans effet, mais des contrats passés avec ceux dont on veut promouvoir l'évolution, selon un vieil adage d'efficacité certaine : « Ne donner que pour obtenir ».

Ainsi conçu, le don devient une aide à la production. Ce n'est pas cette forme de charité qui avilit l'homme. Fond-des-Blancs ne mérite pas de ces formes de charité. En compensation du don, le paysan apporte un supplément de travail, sa bonne volonté dans l'exécution des directives, etc... toutes choses se traduisant par un accroissement de récolte et sa meilleure qualité, et par suite des ressources plus conséquentes.

3.1. L'action sur les hommes

L'œuvre à entreprendre est avant tout humaine et c'est aux hommes que nous devons demander le plus gros de l'effort.

Nous travaillons pour des hommes, dont nous voulons déterminer rapidement l'évolution économique et sociale. Les instigateurs de l'action et les réalisateurs sont également des hommes. La qualité du facteur humain (sa bonne volonté, son ardeur au travail et sa compétence) constitue l'élément le plus important du succès. C'est par l'homme qu'on touche le mieux à la production.

Le concours actif de tous est indispensable. On ne saurait se substituer aux hommes et le paternalisme n'est pas plus que la charité un facteur de promotion humaine, le bonheur et l'évolution sont des choses que seul l'effort personnel permet d'atteindre. Par des moyens adéquats, il convient d'intéresser les populations, d'amener tous les hommes à prendre conscience d'eux-mêmes et de leurs possibilités, de les porter au niveau des préoccupations des responsables, et enfin de leur inculquer la confiance et la foi dans leurs destinées.

C'est seulement ainsi qu'on parviendra, sans trop de difficultés, peut-être, à déterminer une véritable émulation. Des moyens convenables mis à la disposition de tous au sein de structures adaptées et d'organismes adéquats guidant l'évolution, se chargeront d'assurer un véritable renouveau à Fond-des-Blancs qui, encore une fois, mérite d'accéder au rang de commune, dans le plus bref délai possible.

Pour pallier les problèmes humains et créer un climat favorable, une action psychologique importante et bien conçue doit assurer le départ, puis permettre l'intensification de l'action envisagée.

Les populations rurales doivent être longuement informées, et nous avons le devoir de leur exposer leurs problèmes en détail, d'en discuter avec elles et de leurs suggérer les solutions les meilleures. Il s'agit d'accroître le dynamisme des agriculteurs, de leur

87

donner l'esprit d'initiative, le sens de l'action, de les orienter vers des objectifs et des réalisations où chacun verra fructifier ses efforts.

Mais l'œuvre psychologique ne saurait s'arrêter aux gens de la terre. C'est toute la population qui doit être tenue au courant des problèmes agricoles, des solutions proposées, des créations et résultats les plus remarquables. A l'élite de Fond-des-Blancs, nous devons demander d'orienter vers l'agriculture davantage d'éléments de qualité.

La période troublée que nous vivons, qui force les humains à penser les problèmes de l'heure, semble favorable pour débuter une œuvre psychologique d'envergure. Mais les fruits n'apparaîtront vraiment qu'avec le retour au calme, à la sécurité et au travail.

Le groupement des hommes dans l'action paraît être l'alternative louable au développement de Fond-des-Blancs. De tous temps, les hommes se sont groupés pour vaincre leurs difficultés matérielles. Plus que toute autre, une population agricole ne disposant que de faibles ressources en terres, sans capitaux, d'un niveau technique et social anormalement bas et pratiquement sans élites propres, ne saurait trouver son salut dans l'individualisme.

Au lieu de diviser, pour essayer aussitôt d'unir plus ou moins, n'est-il pas préférable dès maintenant, de faire appel à l'esprit de solidarité et communautaire qui existe toujours dans la masse rurale, même chez ceux qui semblent très individualisés et qui est le fruit de siècles de vie familiale dans des conditions difficiles.

Nous servant des coutumes existantes, de la tradition, il convient de chercher à créer des groupes disciplinés, orientés vers la communauté de lutte et sachant sacrifier quelques intérêts particuliers au bénéfice du bien-être pour tous.

« Les droits individuels doivent toujours s'effacer devant l'intérêt général ».

3.2. Le conseil, l'exemple, la démonstration

Au rayonnement par le conseil, l'exemple et la démonstration, il faudra substituer ce rayonnement par l'action dans la réalisation. Avec le sens de la communauté de lutte, inculquer l'esprit d'initiative et valoriser l'effort, la capacité et le travail bien fait. C'est en quelque sorte l'entraînement du groupe (et non plus d'individus séparés) par ses cadres, par ses « leaders » vers des travaux, des réalisations aussi amples que possible et susceptibles d'amener à plus ou moins brève échéance un important accroissement de la valeur de la production, et par suite une amélioration des conditions de vie des familles intéressées.

3.3. L'éducation de la population

L'œuvre ne saurait être menée à bien sans l'éducation poussée des populations. Pour qu'ils puissent apporter leur pleine contribution à leur évolution économique et sociale, les paysans ont besoin d'être perfectionnés. L'effort à accomplir en matière d'éducation est extrêmement vaste.

Le dégrossissement des adultes doit aller de pair avec la formation des jeunes, celle-ci ne pouvant donner son plein effet dans un milieu trop attardé. Ce sont les adultes, parfois, et souvent même les gens âgés qui détiennent les moyens de production, les leviers de commande. Pour aller vite, c'est avec eux que nous devons démarrer. Pour cela, il nous faut créer en leur sein, un milieu pas trop défavorable à l'action des cadres, à l'implantation des jeunes formés par ailleurs.

Une éducation générale, civique, sociale et économique, même sommaire doit être mise rapidement à la portée de tous les hommes et de toutes les femmes. Elle est à donner dans le cadre de nouvelles structures administratives, au niveau de la commune.

Cette éducation est à compléter par une formation professionnelle tout aussi indispensable.

3.4 L'action sur la production

L'objectif est une production abondante et de haute valeur, susceptible d'une part de satisfaire les besoins de l'ensemble de la population et de permettre la vente dans d'autres zones des produits excédentaires, et d'autre part, de distribuer aux paysans les bénéfices maxima.

Les principes de l'action sur la production peuvent s'énoncer comme suit :

- Tirer le maximum de tous les facteurs de la production, c'est-à-dire, assurer l'emploi optimum des divers éléments du milieu physique, des hommes, des capitaux, des cadres, du matériel ;
- Valoriser au maximum la terre, en tirant le revenu le plus élevé à l'unité de surface.

4. La jeunesse de Fond-des-Blancs

La jeunesse occupe une place prépondérante dans la vie quotidienne de Fond-des-Blancs et de ses zones avoisinantes. C'est cette jeunesse qui représente l'avenir de la région. D'après une recherche officieuse faite au niveau des familles en 2006, elle accuse un pourcentage d'environ 65% de la population dans une intervalle de classe statistique pour les enfants allant de 5 à 20 ans. Le marché de l'emploi est inexistant à Fond-des-Blancs, sauf dans le domaine agricole et de l'élevage, offrant à certains jeunes la possibilité de s'adonner à des activités sociales.

Avant la première moitié du 20ème siècle, c'est-à-dire, avant 1950, les grandes familles qui n'avaient pas suffisamment de moyens envoyaient seulement les deux premiers enfants à l'école, tandis que les autres savaient seulement signer leur nom et ne savaient pas écrire. Durant la deuxième moitié du 20ème siècle et au début du 21ème siècle, l'environnement social a changé. Il est très rare de trouver actuellement des analphabètes à Fond-des-Blancs, sauf chez certains nonagénaires nés vers 1910.

Du fait de l'isolement de Fond-des-Blancs au niveau administratif et au niveau géographique et de l'inexistence du marché de l'emploi, les jeunes font l'objet d'une oisiveté chronique. Après leur certificat d'études primaires, les parents qui ont la possibilité de certaines ressources, envoie leurs enfants soit à Miragoâne, soit aux Cayes ou à Port-au-Prince, pour continuer leurs études. D'autres dépourvus de moyen les gardent à la maison familiale où ils assistent le père ou la mère dans des travaux agricoles ou autres. Cette tendance de participation des jeunes dans les activités familiales régresse considérablement de nos jours.

La construction d'un lycée est prévue à Fond-des-Blancs. Il en est de même d'une école vocationelle pratique, avec pour programme la réhabilitation ou la réactivation des anciens métiers en voie de disparition : couture, cordonnerie, menuiserie, maçonnerie, plomberie, électricité, mécanique. Une composante d'informatique y est incluse.

91

A la deuxième moitié du 20ème siècle, Fond-des-Blancs a fourni des éléments d'élites en Haïti. Dans le domaine de génie et d'architecture, citons Winchel Mitchel, petit-fils de Nissage Guirand Père ; le village très prestigieux du nom de « Vivi-Mitchel » à Pétion-Ville sur la route de Frères est l'œuvre et la propriété de cet architecte. Dans le domaine agricole, il faut mentionner ces professionnels de la terre qui sont : L'agronome Férauld Maignan, fils de Olman Maignan, décédé à 101 ans en 2006 à Fond-des-Blancs. Monsieur Férauld Maignan a travaillé pour le Ministère de l'Agriculture des Ressources Naturelles et du Développement Rural et fut, pendant plus de 30 ans (1964-1994) fonctionnaire de l'Organisation des Nations Unies pour l'Alimentation et l'Agriculture (FAO), Rome, Italie, et Directeur Général de la Caritas Nationale d'Haïti (1996-2000) ; L'agronome Wilcé Mascary, fils de Michael Mascary travaille actuellement à l'Institut Interaméricain des Sciences Agricoles (IICA).

Dans le domaine de la santé, citons : Raymonde Guirand Montas, docteur en médecine ; Olivier Guirand, docteur en médecine, les deux respectivement filles et fils de Nissage Guirand, fils de Clélie Morancy. Un autre médecin qui est mort très jeune, est Dominique Guirand, fils de Précieux Guirand, un ancien chef de section très populaire et très sérieux à Fond-des-Blancs ; Monsieur Georges Maignan, dentiste qui professe à Pétion-ville. Docteur Michel Henry Brutus, petit-fils de Nathan Buissereth, est fondateur et Directeur Général du Centre Hospitalier de Vaudreuil, Croix-des-Bouquets.

Dans le domaine du génie, monsieur François Bernadel, fils de Julien Bernadel, travaille depuis plus d'un quart de siècle à la compagnie d'électricité (EDH) à Port-au-Prince. L'ingénieur Jonas Buissereth fut Directeur Général de la Compagnie Nationale de Télécommunication, pendant un certain temps.
Dans le domaine du commerce, monsieur Salien Guirand et monsieur Joseph Guirand ont leur entreprise privée à Port-au-Prince.

Au niveau politique, madame Martine Guirand Deverson, économiste, fille de monsieur Salien Guirand, fut Ministre du Tourisme pendant un certain temps. En 2006, monsieur Yvon Buissereth a été élu sénateur de la République. L'un des candidats malheureux à la députation pendant ces mêmes élections fut Gagnol Lalanne, fils de Pelissier Lalanne.

Dans le monde universitaire figurent quelques jeunes Fond-des-blancois comme Naomie Bernadel, fille de monsieur François Bernadel, étudiante en médecine, à l'université Notre Dame ; Evans Lalanne, petit-fils de Anglade Lalanne, étudiant en médecine à l'université Lumière. David Lalanne, fils de Gustave Lalanne et petit-fils de Louis Lalanne, étudie la médecine à l'Université d'État d'Haïti, tandis que Japhté Lalanne, se trouve à la Faculté de Sciences.

Dans le domaine de l'entreprenariat, monsieur François Lorthé, fils de Fernand Lorthé fut un professionnel très compétent à Haitel. Il gère maintenant sa propre entreprise de matériel électronique. Citons également Herissé Guirand, fils de Huttel Guirand qui est un spécialiste de l'internet.

Ce groupe de professionnels et de jeunes faisant partie de l'élite haïtienne, constitue un exemple vivant de ce que Fond-des-Blancs peut donner au niveau national et international. Un grand nombre d'entre eux revient à Fond-des-Blancs pour offrir leur service à la communauté bénévolement.

Le Palais National, le Palais de Justice à Port-au-Prince et le majestueux Palais de l'Agriculture à Damien ont été construits par deux grands architectes : l'ingénieur Bossan et un membre de la famille Maignan, en la personne de l'ingénieur Léonce Maignan.

La situation actuelle du pays pousse beaucoup de jeunes de Fond-des-Blancs à émigrer vers la Guyane Française, la France, les États-Unis et le Canada. Dans l'état actuel des choses, la migration devient un phénomène nécessaire, pourvu qu'elle se fasse selon des principes légaux. Une jeune qui laisse son pays légalement pour aller évoluer dans un autre environnement, à la recherche d'un autre bien-être, a pour devoir de contribuer au support de sa communauté. A certain stade de sa vie, il aura peut-être l'obligation d'adopter l'alternative « d'un retour à la terre natale » pour l'élargissement de sa solidarité avec les différents membres de son environnement initial.

La migration illégale n'est pas conseillée. Beaucoup de jeunes ont vendus les biens laissés en héritage par leurs parents et effectuent des dépenses de l'ordre de 5 à 10,000 dollars américains pour un départ illégal, au lieu d'investir cette somme dans l'agriculture, l'élevage ou dans d'autres secteurs.

L'avenir de la jeunesse de Fond-des-Blancs se trouve d'abord dans l'éducation, ensuite dans la persévérance de ses efforts pour le goût du savoir dans le cadre de divers domaines : Agriculture, santé, génie, environnement, gestion, droit, etc… Étant donné la place importante de l'agriculture à Fond-des-Blancs et de ses zones avoisinantes, cette branche constituera pour longtemps une priorité, et devrait être aussi un attrait vocationnel pour la jeunesse montante.

5. L'organisation administrative

L'avenir de Fond-des-Blancs dépend de sa place au niveau administratif dans le cadre de la politique de décentralisation, initiée par le pouvoir. Fond-des-Blancs possède la maturité socio-économique et politique idoine pour qu'il devienne commune, ce qui lui permettra de prendre en main ses responsabilités dans le domaine du développement social incluant :

- L'agriculture
- La santé
- L'environnement
- Les travaux d'infrastructure
- L'éducation, et tous les autres secteurs de la société.

Si l'auteur a mis l'accent sur l'organisation de l'agriculture, c'est tout simplement qu'elle représente, quant à présent, la force socio-économique permettant un certain bien-être dans la communauté. Les autres secteurs cités plus haut ont autant d'importance et ne sont pas minimisés pour autant.

Un plan de développement intégré devra prendre en considération tous ces secteurs dans un ensemble nouveau qui devra finalement se traduire par des ressources convenables mises à la disposition du plus grand nombre possible d'humains pour un bien être généralisé.

Compte tenu du présent et en prévoyant l'avenir, il convient de créer d'urgence cette nouvelle structure administrative et géographique, capable de promouvoir la mise en place d'organismes, amenant du monde agricole :

- à prendre conscience de ses possibilités, de ses devoirs envers elle-même, ses enfants et les autres hommes ;
- à sortir de l'inaction et à faire preuve d'initiative et d'effort généralisé pour améliorer son sort.

6. Quelques projets ponctuels de développement dans le cadre d'un plan d'action stratégique intégré

En attendant l'accession de Fond-des-Blancs au niveau de commune, en attendant l'élaboration d'un plan de développement intégré, la vie socio-économique doit continuer. La population doit continuer à prendre en main sa propre destinée dans la voie du développement. Certains projets en cours de mise en œuvre ou en cours d'élaboration méritent une attention toute particulière de la part de la population, et des organisations de base (FODDIF, RATRAP, CODEF, APFB) compte tenu de leur importance. Ce sont des projets à court, moyen et long terme auxquels toute priorité doit être accordée :

6.1. Projets à court terme

6.1.1 *Dans le domaine des infrastructures*

- Entretien de la route Montsignac - Fond-des-Blancs ainsi que les axes secondaires Sainton - St.Jules; Sainton - Savane Henry; Sainton – Mouillage-Fouquet; Sainton – Labaleine.
- Réhabilitation du système d'eau potable Dugué – Sainton et son extension à Buissereth, Gaspard et Bernadel.
- Continuation de la construction et de la modernisation du marché rural de Fond-des-Blancs.
- Élaboration d'une étude visant la réhabilitation effective de la route Montsignac – Fond-des-Blancs jusqu'à la route numéro 44, pour être soumise au Ministère des Travaux Publics, Transport et Communication.

6.1.2 Dans le domaine de l'éducation

- Aménagement et agrandissement de l'École Nationale de Fond-des-Blancs.
- Construction d'un lycée à Fond-des-Blancs.
- Construction d'une école vocationnelle annexée au lycée et sur le même site.

6.1.3 Dans le domaine de la santé

- Protection, encouragement et renforcement de l'hôpital St. Boniface.

6.1.4 Dans le domaine de développements divers

- Protection, encouragement et renforcement des projets comme « Haïti – Projects ».

6.1.5 Dans le domaine politique et administratif

- Élaboration d'une proposition de projet visant l'accession de Fond-des-Blancs au rang de commune.

6.2 Projets à moyen terme

6.2.1 Dans le domaine des infrastructures et de l'urbanisme

- Élaboration d'un projet d'étude portant la création d'une ville à Sainton et création de villages ruraux dans les zones avoisinantes.
- Construction d'un pont (Gué à lunettes) sur la rivière

Lhomond et sur la ravine Lamy.

- Élaboration de projets visant à la création de lacs collinaires.
- Réhabilitation des points d'eau existant et leur modernisation (douches, abreuvoirs pour animaux).

6.2.2 Dans le domaine de l'éducation et de la santé

- Construction d'un complexe éducation/santé au Morne Camp à Bernadel.

6.2.3 Dans le domaine agricole

- Élaboration d'un projet visant la production et la productivité agricole.
- Élaboration d'un projet visant la protection de l'ensemble des bassins versants à Fond-des-Blancs (au nombre d'une dizaine).
- Élaboration d'un projet visant la plantation d'arbres et la reforestation.
- Élaboration d'un projet visant l'exploitation rationnelle des strates arbustives dans certains bassins versants à Fond-des-Blancs.
- Élaboration d'un projet visant l'amélioration de l'élevage.
- Création d'une banque d'outils agricoles à Fond-des-Blancs.

6.2.4 Dans divers domaines

- Suivi des projets mentionnés à court terme.

6.3 Projets à long terme

6.3.1 Dans le domaine de l'éducation

- ◆ Construction d'une école primaire dans chaque zone avoisinante de Fond-des-Blancs.

6.3.2 Dans le domaine de la santé

- ◆ Construction d'un centre de santé (annexe de St. Boniface) dans chaque zone avoisinante de Fond-des-Blancs.

6.3.3 Dans divers domaines

- ◆ Suivi des projets mentionnés à court terme et à moyen terme.
- ◆ Encouragement du secteur privé (aéroport, cyber café, magasins privés).

" Planter un arbre, c'est dire oui à la vie, c'est d'affirmer notre foi dans le futur.

Planter un arbre, c'est d'affirmer quelque chose de spirituel: Que nous sommes tous membres de la vie, et qu'ensemble nous tomberons et qu'ensemble nous resterons debout "

Francis Simon

99

Quelques reliques d'arbres centenaires
Habitation " Nissage Guirand " Bernadel

100

Deuxième Partie

Généalogie
des grandes familles traditionnelles
de Fond-des-Blancs

Rév. Père Ermest Gouello
Curé de Fond-des- Blancs
pendant 30 années

Né le 12 janvier 1927,
il est mort le 24 août 1994

" Pendant 40 ans, j'ai vécu les joies, les souffrances, les malheurs du peuple d'Haïti. Je l'ai aimé tel qu'il est et je ne regrette pas de m'être donné à lui sans arrière-pensée. "

E.G. 15-07-94

Chapitre I

Un essai d'inventaire des grandes familles traditionnelles de Fond-des-Blancs

❖

1. Famille Bernadel

La famille Bernadel est l'une des familles les plus nombreuses à Fond-des-Blancs. La plupart vit dans la localité du même nom « Bernadel » située dans l'axe routier Sainton – Gaspard – Bernadel – St. Jules. On trouve cette famille dans presque toutes les zones de Fond-des-Blancs en particulier à Sainton, à Labaleine, à Dugué, à Gaspard et à St. Jules. Les noms des ancêtres les plus connus sont Borno Bernadel et Kensia Bernadel. Il a été reporté que ce fut une certaine Rose Bernadel qui a fait don au Ministère de l'Éducation Nationale, de la propriété où se trouve construite l'École Nationale de Fond-des-Blancs qui, était dans le passé, la Ferme École de Fond-des-Blancs.

2. Famille Bonhomme

La famille Bonhomme est relativement ancienne à Fond-des-Blancs. Elle se trouve localisée à Bellegarde, St. Jules et à La Colline. D'autres ramifications génétiques portant le même nom se retrouvent dans l'Ouest (Port-au-Prince) et dans le Nord (Cap-Haïtien).

103

3. Famille Buissereth

La famille Buissereth a de très larges ramifications génétiques à Fond-des-Blancs. Il y a une zone qui porte le nom de Buissereth. Cette famille est présente, particulièrement à Gaspard, Bernadel, Capin, et dans son fief, Nan Buissereth. Comme la plupart des familles de Fond-des-Blancs, elle est originaire de la Côte Sud-Est, en particulier de l'Anse-à-Veau et des Baradères. Trois noms marquent l'influence génétique de cette famille dans l'environnement des familles de Fond-des-Blancs : Boileau Buisesreth, Porcia Torchon et Brun Buissereth. Par la suite, des liens génétiques se sont forgés avec les familles Thadal et Vibert.

4.   Famille Brice

La famille Brice est originaire de Lhomond. L'ancêtre qui a donné naissance aux Brice de Fond-des-Blancs a pour nom Morel Brice. Il a épousé une femme de Labaleine, du nom de Sarah Maignan. Osa Brice bien connu de la communauté de Fond-des-Blancs est fils de Morel Brice et de Sarah Maignan. La famille Brice s'est agrandie par des liens avec les familles Thadal, Guirand et Pompé.

5.   Famille Bruno

La famille Bruno de Sainton est originaire de Ka Franck et également de St. Jules. L'un des ancêtres du nom de Azarias est sorti de Morne Franck, s'est marié à St. Jules où il a fondé sa famille et s'est fixé par la suite à Sainton. On retrouve ses ramifications à Franchipagne, également à Miragoâne et à l'Anse-à-Veau.

6.   Famille Gourdet & Carenan

Ces deux familles sont très liées. Elles se sont implantées particulièrement à Bellegarde, Bernadel et à Ka Franc. Avec le temps, elles se sont éparpillées à travers Haïti.

7.   Famille Francoeur

Les Francoeurs constituent une petite famille, implantée à Fond-des-Blancs depuis longtemps, en particulier à Gaspard. Elle a des ramifications génétiques avec les familles Mascary, Laudé, Poteau, Bonhomme et Pompé.

8.   Famille Guirand

La famille Guirand est parmi les plus grandes et anciennes familles de Fond-des-Blancs. Son fief se trouve à Bernadel et à Gaspard. L'histoire raconte qu'un colon français du nom de Didier Guirand avait épousé Marie Guirand dont les parents venaient de Dahomé (maintenant Bénin). Ils ont eu trois enfants : Pierre Guirand, Jacques Guirand et Monique Guirand. Pierre Guirand a épousé madame veuve Innocent Mascary. Ils ont eu un fils du nom de Lauricette Guirand qui à son tour s'est marié. De cette union est né Nissage Guirand Père (Frère Tataille) qui s'est marié avec Altagrace Torchon. Les deux ont eu sept enfants : Clarisse, Clarinette, Jeanne, Alice, Ghillon, Waldeck et Nissage Guirand fils. La famille Guirand s'est disséminée dans toutes les principales zones de Fond-des-Blancs, en particulier à Bernadel, à Gaspard, à Sainton, à Capin, à Franchipagne, à Terre-Rouge, à Buissereth et à Labaleine. Il existe une zone à Fond-des-Nègres, nommée Ka-Guirand.

9. Famille Hibbert

La famille Hibbert est d'origine Aquinoise. Il y avait 3 frères : Louis Hibbert, Fernand Hibbert et Lucien Hibbert.

Louis Hibbert s'était fixé à Aquin tandis que les deux autres à Miragoâne et à Port-au-Prince. C'était à Aquin qu'il a eu un coup de foudre pour une jolie Fond-des-blancoise, du nom de Beldamise Lalanne. Attiré par sa beauté, on racontait qu'il faisait la route d'Aquin à Fond-des-Blancs à pieds pour rendre visite à la famille de Beldamise.

10. Famille Lalanne

Un citoyen français du nom de Damano Lalanne est arrivé à Saint-Domingue en 1788, un an avant la révolution française de 1789. Après l'indépendance en 1804, il s'est installé dans la région d'Aquin, où il a fondé sa famille. Malheureusement, il n'a pas eu d'enfants avec sa femme légitime. Pendant son mariage, il a eu d'autres femmes : L'une originaire de La Colline où il s'est établi définitivement et avec qui il a eu des enfants. L'autre, originaire de Franchipagne avec qui il a donné naissance à d'autres enfants. Fanfan Lalanne, grand-père de l'auteur du coté maternel a pris naissance de la femme de Franchipagne. Cependant, la famille Lalanne porte son nom issu de ces deux locali-tés : La Colline et Franchipagne.

11. Famille Leclerc

Charles Leclerc, frère de Bonaparte Leclerc, a eu deux fils respective-ment du nom de Charlin Leclerc et de Petifa Leclerc avec une femme inconnue. Cette famille s'était établie à Ka-Gounot, à Labaleine, mon tagne surplombant les principales localités de la côte Sud-Est. De là, elle s'est élargie à d'autres zones, comme Sainton et Gaspard.

12.   Famille Léveillé

La famille Léveillé incluait des militaires qui ont évolué dans le Sud en provenance de l'Artibonite, spécialement dans la zone d'Aquin où ils sont arrivés durant la période du Président Salomon. Les plus connus étaient Noé Léveillé qui avait épousé Anassa Chataigne à Fond-des-Blancs. Noé Léveillé avait deux fils, du nom de Roberson et Michel Léveillé, tous deux militaires. Roberson Léveillé était attaché au palais national sous la présidence de Tiresias Simon Sam, tandis que Michel Léveillé a été tué dans le Nord pendant la guerre des Cacos.

13.   Famille Lézeau

Cette famille n'est pas très bien connue à Fond-des-Blancs. Les dernières traces se trouvent à Gaspard et à Bernadel. Les deux anciens noms marquant la génération des Lézeau sont Moretour Lézeau et Ninstant Lézeau qui avait habité dans la zone avoisianante de la Ferme École de Fond-des-Blancs, devenue École Nationale de Fond-des-Blancs. La femme de Ségir Lézeau, Rose Bernadel avait fait don de cette propriété au Ministère de l'Éducation Nationale pour la construction de la Ferme École. On trouve également la famille Lézeau à La Colline et à Aquin, sur la côte Sud-Ouest, notamment à Petite Rivière de Nippes et à l'Anse-à-Veau.

14.   Famille Maignan

La famille Maignan est originaire de l'Anse-à-Veau, ville côtière très florissante à l'époque de la colonisation, située administrativement jusqu'à un passé récent dans le département de la Grande Anse et du Sud, et maintenant, fait partie du nouveau département de Nippes qui a pour chef lieu, Miragoâne. Les anciens colons français qui voulaient rester en Haïti après l'indépendance en 1804 se sont vus refoulés dans des zones arides ou xérophytiques comme Fond-des-Blancs. C'est ainsi qu'un négociant du nom de Mahot Maignan est venu de l'Anse-à-Veau et s'est installé à Labaleine où il a eu de nombreux enfants : Léoda, Léogrand, Amplagnac, Mangnac, Mahonille, Boireau et Elignac Maignan.

Léoda Maignan s'était fixé à Labaleine. Il est l'ancêtre de tous les Maignan de Fond-des-Blancs. Ses frères se sont dispersés à l'Asile et à Montsignac, situé à l'entrée de Fond-des-Blancs appelé communément Carrefour Montsignac. Il semble dit-on que les Maignan de l'Asile et de Montisgnac viennent de Elignac Maigan, l'un des six frères de Léoda Maignan.

Léoda Maignan avait épousé Silvanie Leclerc, fille de Charles Leclerc, frère de Bonaparte Leclerc qui fut réfugié à Labaleine sur une montagne appelé Ka-Goulot surplombant Labaleine, Laborieux, Mouillage-Fouquet, Flamand et Bassin Caïman. Durant la guerre de l'indépendance, Bonaparte Leclerc s'est déclaré vaincu et s'est réfugié ainsi que Charles à Ka-Goulot.

L'union de Léoda Maignan et de Silvaine Leclerc, a donné une famille nombreuse à Labaleine incluant les enfants suivants : Fabien, Sildanie, Idalie, Rosedanie, Saintanie, Dassedanie, Nadahot, Danol, Oramil et Dabelmise Maignan.

Saintanie Maignan est la grand-mère de l'auteur du côté maternel.

15. Famille Milbin

La famille Milbin s'est implantée depuis des temps dans la localité de Murier. Elle s'est liée aux familles Maignan et Montilus.

16. Famille Mascary

Le berceau de la famille Mascary se trouve dans une toute petite localité du même nom, appelé Mascary enclavé dans la zone de Franchipagne. La famille Mascary s'est propagée à Fond-des-Blancs en particulier à Sainton et à Gaspard. Des liens ont existé entre la famille Mascary et les familles Thadal, Francoeur, Bernadel, Leclerc et Guirand.

17. Famille Morancy

La famille Morancy est implantée à Lhomond depuis des temps les plus anciens. Les liens de parenté figurent en particulier avec les familles Guirand et Bernadel.

18. Famille Nazaire

La famille Nazaire est de Capin, jolie petite localité de montagne surplombant la rivière Dugué. L'ancêtre le plus récent est Mérisias Nazaire. Les liens familiaux existent entre les familles Bernadel, Lalanne et Maigan.

19.   Famille Poteau

Il semble que l'origine de la famille Poteau est Gonaïves. Le premier pionnier fut du nom de Jean Baptiste Poteau, installé à Fond-des-Blancs avev son fils nommé Jolivin Poteau mais de mère méconnue. Par la suite, Jolivin Poteau a épousé une dame de La Colline, du nom de Taissine Bataille. Tous les Poteau de Fond-des-Blancs viennent de ce mariage. Ils se sont propagés à travers les familles Guirand, Lalanne, Guillaume et Mascary.

20.   Famille Riodain

La famille Riodain s'est établie d'une part dans la zone de St. Jules et d'autre part dans la zone de Gaspard. Des liens familiaux existent particulièrement avec la famille Thadal.

21.   Famille Thadal

La famille Thadal est cantonnée particulièrement à Gaspard et s'est ouverte à d'autres communautés venues de différentes zones d'Haïti. Cette famille vient particulièrement de Flamand, localité située à quelques kilomètres de la ville d'Aquin où l'on trouve également des Thadal. Au fil des années, des liens matriomoniaux ont rapproché les Thadal des familles Bernadel, Guirand, Lalanne, et Francoeur à Fond-des-Blancs. C'est ainsi qu'on les trouve dans une petite communauté appelée Mascary à Franchipagne.

22.   Famille Vibert

Le berceau de la famille Vibert se trouve dans une petite localité située entre Nan Buissereth et Mouillage-Fouquet, à quelques kilomètres de Sainton. Cette localité porte le nom des Vibert. Les ancêtres avaient reçu du président Pétion, après l'indéprendance, le droit de « Jus Frutendi » d'une très grande propriété située dans la zone qui se fait distinguée par l'existence d'un puit appelé « Puit Vibert » et d'un autre nommé « Puit Chacha » à quelques kilomètres de là. L'axe routière Sainton – Buissereth – Vibert – Chacha vous conduit sur la route numéro 44 entre Côtes-de-Fer (Sud-Est) et Vieux Bourg d'Aquin (Sud-Ouest).

23. Famille Vilsaint

La famille Vilsaint constitue une très grande communauté vivant dans l'axe Bernadel - La Colline, particulièrement à St. Jules, localité située non loin de Fond-des-Nègres à l'Ouest et de La Colline, au Sud. Les Vilsaint se sont surtout liés aux Bernadel, Maignan, Buissereth, Lalanne, Riodain, Brunot et Pierre-Louis. On rencontre des Vilsaint également à Fond-des-Nègres.

Tableau no. 2 - Liens génétiques interfamiliaux des plus grandes familles de Fond-des-Blancs

	Bernadel	Buissereth	Cassgnol	Guirand	Lalanne	Laudé	Leclerc	Lorthé	Maignan	Mascary	Peltreau	Poteau	Thadal	Vilsaint
Bernadel	+	+		+	+	+			+				+	+
Buissereth	+	+		+	+	+			+				+	
Cassgnol			+	+				+		+		+	+	+
Guirand	+	+	+	+	+	+	+	+	+		+	+	+	+
Lalanne	+	+		+	+	+			+				+	+
Laudé	+	+		+	+	+			+				+	+
Leclerc				+			+		+	+				
Lorthé			+	+				+	+		+	+		
Maignan	+	+		+	+	+	+	+	+			+	+	+
Mascary			+				+			+	+	+		
Peltreau				+				+		+	+	+		
Poteau			+	+				+	+	+	+	+		
Thadal	+	+	+	+	+	+			+				+	
Vilsaint	+		+	+	+	+			+					+

Chapitre II

Généalogie des grandes familles traditionnelles de Fond-des-Blancs

❖

1. **Les familles traditionnelles à racines génétiques très profondes à Fond-des-Blancs**

    ✝ Famille Bernadel
    ✝ Famille Buissereth
    ✝ Famille Cassagnol
    ✝ Famille Guirand
    ✝ Famille Lalanne
    ✝ Famille Laud?
    ✝ Famille Leclerc
    ✝ Famille Lorth?
    ✝ Famille Maignan
    ✝ Famille Mascary
    ✝ Famille Peltreau
    ✝ Famille Poteau
    ✝ Famille Thadal
    ✝ Famille Vilsaint

Famille Bernadel

A-   Famille Borno Bernadel

B-   Famille Nocirel Bernadel

C-   Famille Ficerel Bernadel

D-   Famille C?lisse Bernadel

E-   Famille Th?lier Bernadel

F-   Famille Iranie Bernadel

G-   Famille Abel Bernadel

H-   Famille Orel Bernadel

I-   Famille Marguerite Bernadel

J-   Famille Zilmie Bernadel

K-   Famille Zilma Bernadel

L-   Famille Linda Bernadel

M-   Famille L?onie Bernadel

N-   Famille Silvia Bernadel

O-   Famille Carlo Bernadel

P-   Famille Oril Bernadel

Q-   Famille Jean-Claude Bernadel

R-   Famille Micheline Bernadel

S-   Famille Pierre-Louis Bernadel

T-   Famille Maxeau Bernadel

U-   Famille Adelphine Bernadel

V-   Famille M?liancourt Bernadel

W-   Famille Raguel Bernadel

X-   Famille Bossancourt Bernadel

Y-   Famille Belcourt Bernadel

Z-   Famille Cl?rencourt Bernadel

AA-   Famille Th?rencourt Bernadel

BB-   Famille Cl?rencourt Bernadel Fils

CC-   Famille Eug?nie Bernadel

DD-   Famille B?thanie Bernadel

EE-   Famille Christine Bernadel

FF-   Famille Ferdinand Bernadel

GG-   Famille Vatel Bernadel

HH-   Famille Vattel Bernadel

II-   Famille Vatel Bernadel

JJ-   Famille Emeline Bernadel

KK-   Famille Joanes Bernadel

LL-   Famille Cl?onie Bernadel

MM-   Famille Valcourt Bernadel

NN-   Famille Dalebrun Bernadel

OO-   Famille Elise Bernadel

PP-   Famille Elise Bernadel

QQ-   Famille Yves Bernadel

RR-   Famille Marie Vilsaint

SS-   Famille Lebrun Lemaine

TT-   Famille Marie Vilsaint

UU-   Famille Olmann Maignan

VV-   Famille Hel?ne Maignan

WW-   Famille Frank Guillaume

XX-   Famille France Guillaume

YY-   Famille Renaud Guillaume

ZZ-   Famille Lanoix Bernadel

AAA-	Famille Bornovil Bernadel
BBB-	Famille Bornovil Bernadel
CCC-	Famille Bornovil Bernadel
DDD-	Famille Raoul Bernadel
EEE-	Famille Dumont Bernadel
FFF-	Famille Cic? Bernadel
GGG-	Famille Clair Bernadel & Dossa Bernadel
HHH-	Famille Dalan Bernadel
III-	Famille Audain Bernadel
JJJ-	Famille Beauvil Bernadel
KKK-	Famille M?lius Bernadel
LLL-	Famille Virginia Bernadel
MMM-	Famille Julien Bernadel
NNN-	Famille François Bernadel
OOO-	Famille Adeline Bernadel
PPP-	Famille Nicole Bernadel
QQQ-	Famille Julia Bernadel
RRR-	Famille Brinvil Bernadel
SSS-	Famille Georgette Bernadel
TTT-	Famille Em?ne Bernadel
UUU-	Autres members de la famille Bernadel
VVV-	Famille Morose Bernadel
WWW-	Famille Ormilia Bernadel
XXX-	Famille Ormilia Bernadel
YYY-	Famille Beloze Bernadel
ZZZ-	Famille Dacius Bernadel

AAAA-   Famille Dacius Bernadel
AAA1-   Famille Georges Bernadel
AAA2-   Famille Semeda Bernadel

A-

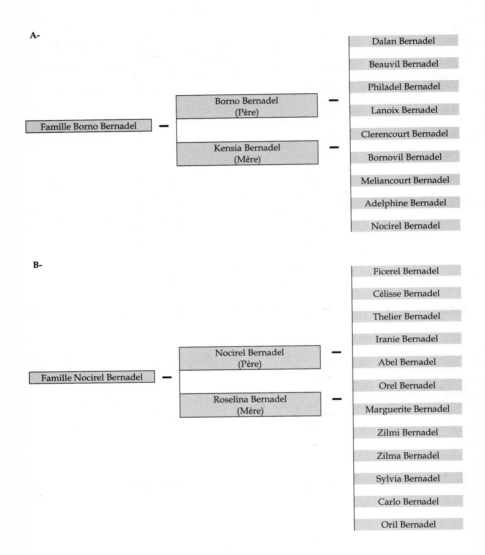

Famille Borno Bernadel	—	**Borno Bernadel** (Père)	—
		Kensia Bernadel (Mère)	—

Dalan Bernadel

Beauvil Bernadel

Philadel Bernadel

Lanoix Bernadel

Clerencourt Bernadel

Bornovil Bernadel

Meliancourt Bernadel

Adelphine Bernadel

Nocirel Bernadel

B-

Ficerel Bernadel

Célisse Bernadel

Thelier Bernadel

Iranie Bernadel

Famille Nocirel Bernadel — **Nocirel Bernadel** (Père) —

Abel Bernadel

Orel Bernadel

Roselina Bernadel (Mère) —

Marguerite Bernadel

Zilmi Bernadel

Zilma Bernadel

Sylvia Bernadel

Carlo Bernadel

Oril Bernadel

C-

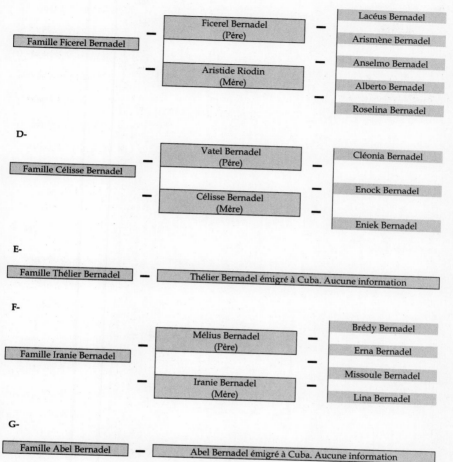

Famille Ficerel Bernadel

Ficerel Bernadel (Père)
- Lacéus Bernadel
- Arismène Bernadel

Aristide Riodin (Mère)
- Anselmo Bernadel
- Alberto Bernadel
- Roselina Bernadel

D-

Famille Célisse Bernadel

Vatel Bernadel (Père)
- Cléonia Bernadel

Célisse Bernadel (Mère)
- Enock Bernadel
- Eniek Bernadel

E-

Famille Thélier Bernadel — Thélier Bernadel émigré à Cuba. Aucune information

F-

Famille Iranie Bernadel

Mélius Bernadel (Père)
- Brédy Bernadel
- Erna Bernadel

Iranie Bernadel (Mère)
- Missoule Bernadel
- Lina Bernadel

G-

Famille Abel Bernadel — Abel Bernadel émigré à Cuba. Aucune information

H-

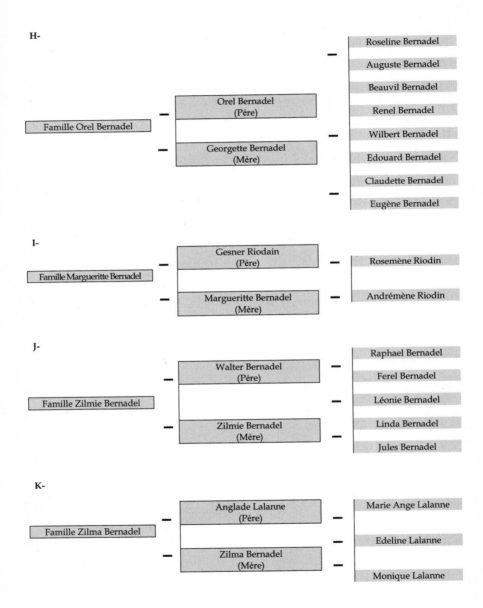

Famille Orel Bernadel

Orel Bernadel
(Père)

Georgette Bernadel
(Mère)

Roseline Bernadel

Auguste Bernadel

Beauvil Bernadel

Renel Bernadel

Wilbert Bernadel

Edouard Bernadel

Claudette Bernadel

Eugène Bernadel

I-

Famille Margueritte Bernadel

Gesner Riodain
(Père)

Margueritte Bernadel
(Mère)

Rosemène Riodin

Andrémène Riodin

J-

Famille Zilmie Bernadel

Walter Bernadel
(Père)

Zilmie Bernadel
(Mère)

Raphael Bernadel

Ferel Bernadel

Léonie Bernadel

Linda Bernadel

Jules Bernadel

K-

Famille Zilma Bernadel

Anglade Lalanne
(Père)

Zilma Bernadel
(Mère)

Marie Ange Lalanne

Edeline Lalanne

Monique Lalanne

L-

| Famille Linda Bernadel | — | Maurisseau Brière (Père) | — | Rémy Bernadel * |
| | — | Linda Bernadel (Mère) | — | Walter Bernadel * |

M-

Famille Léonie Bernadel	—	Dieudonné Taarore (Père)	—	Elizabeth Taarore
				Louis Joseph Taarore
	—	Léonie Bernadel (Mère)	—	Emilie laure Taarore
				Alexandre Taarore
			—	Thyote Taarore

N-

Famille Silvia Bernadel	—	Cléolian Lalanne (Père)	—	Fanfan Lalanne Junior
	—	Silvia Bernadel (Mère)	—	Clémène Lalanne
			—	François Lalanne

O-

| Famille Carlo Bernadel | — | Carlo Bernadel. Pas d'enfant. |

P-

Famille Oril Bernadel	—	Oril Bernadel (Père)	—	Jean Claude Bernadel
			—	Micheline Bernadel
	—	Rose vilsaint (Mère)		Peirre Louis Bernadel
			—	Maxeau Bernadel

Q-

| Famille Jean Claude Bernadel | — | Jean Claude Bernadel (Père) | — | Rose Lore Bernadel |
| | — | Marcelene Famfel (Mère) | |

123

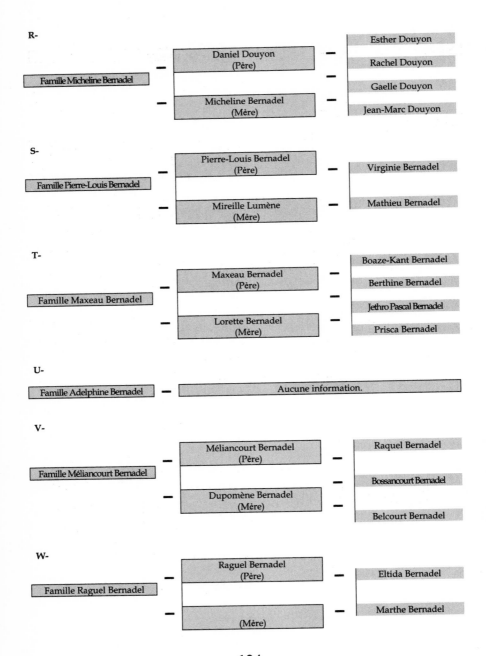

R-

Famille Micheline Bernadel

- Daniel Douyon (Père)
  - Esther Douyon
  - Rachel Douyon
  - Gaelle Douyon
- Micheline Bernadel (Mère)
  - Jean-Marc Douyon

S-

Famille Pierre-Louis Bernadel

- Pierre-Louis Bernadel (Père)
  - Virginie Bernadel
- Mireille Lumène (Mère)
  - Mathieu Bernadel

T-

Famille Maxeau Bernadel

- Maxeau Bernadel (Père)
  - Boaze-Kant Bernadel
  - Berthine Bernadel
  - Jethro Pascal Bernadel
- Lorette Bernadel (Mère)
  - Prisca Bernadel

U-

Famille Adelphine Bernadel — Aucune information.

V-

Famille Méliancourt Bernadel

- Méliancourt Bernadel (Père)
  - Raquel Bernadel
  - Bossancourt Bernadel
- Dupomène Bernadel (Mère)
  - Belcourt Bernadel

W-

Famille Raguel Bernadel

- Raguel Bernadel (Père)
  - Eltida Bernadel
- (Mère)
  - Marthe Bernadel

X-

| Famille Bossancourt Bernadel | — | Pas d'enfant. |

Y-

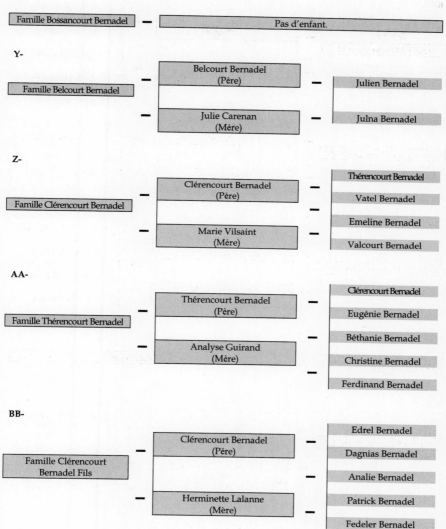

| Famille Belcourt Bernadel | — | Belcourt Bernadel (Père) | — | Julien Bernadel |
| | — | Julie Carenan (Mère) | — | Julna Bernadel |

Z-

Famille Clérencourt Bernadel	—	Clérencourt Bernadel (Père)	—	Thérencourt Bernadel
				Vatel Bernadel
	—	Marie Vilsaint (Mère)	—	Emeline Bernadel
				Valcourt Bernadel

AA-

Famille Thérencourt Bernadel	—	Thérencourt Bernadel (Père)	—	Clérencourt Bernadel
				Eugénie Bernadel
	—	Analyse Guirand (Mère)	—	Béthanie Bernadel
				Christine Bernadel
			—	Ferdinand Bernadel

BB-

Famille Clérencourt Bernadel Fils	—	Clérencourt Bernadel (Père)	—	Edrel Bernadel
				Dagnias Bernadel
	—	Herminette Lalanne (Mère)	—	Analie Bernadel
				Patrick Bernadel
				Fedeler Bernadel

CC-

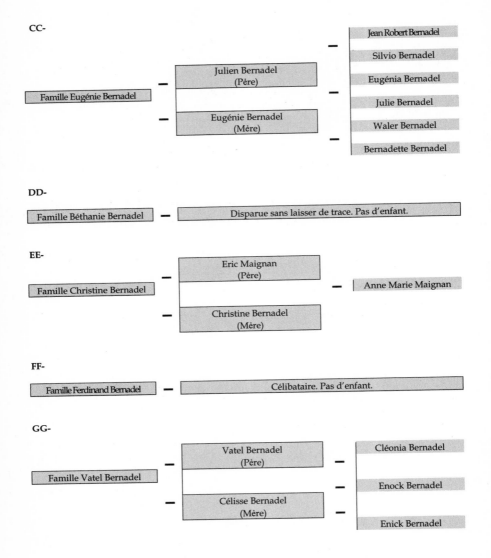

		Jean Robert Bernadel
	Julien Bernadel (Père)	Silvio Bernadel
		Eugénia Bernadel
Famille Eugénie Bernadel		Julie Bernadel
	Eugénie Bernadel (Mère)	Waler Bernadel
		Bernadette Bernadel

DD-

| Famille Béthanie Bernadel | — | Disparue sans laisser de trace. Pas d'enfant. |

EE-

| Famille Christine Bernadel | Eric Maignan (Père) | Anne Marie Maignan |
| | Christine Bernadel (Mère) | |

FF-

| Famille Ferdinand Bernadel | — | Célibataire. Pas d'enfant. |

GG-

Famille Vatel Bernadel	Vatel Bernadel (Père)	Cléonia Bernadel
		Enock Bernadel
	Célisse Bernadel (Mère)	Enick Bernadel

126

HH-

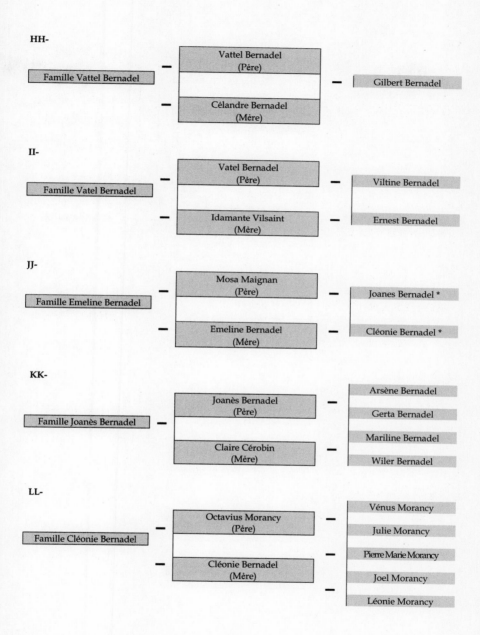

Famille Vattel Bernadel

Vattel Bernadel
(Père)

Célandre Bernadel
(Mère)

Gilbert Bernadel

II-

Famille Vatel Bernadel

Vatel Bernadel
(Père)

Idamante Vilsaint
(Mère)

Viltine Bernadel

Ernest Bernadel

JJ-

Famille Emeline Bernadel

Mosa Maignan
(Père)

Emeline Bernadel
(Mère)

Joanes Bernadel *

Cléonie Bernadel *

KK-

Famille Joanès Bernadel

Joanès Bernadel
(Père)

Claire Cérobin
(Mère)

Arsène Bernadel

Gerta Bernadel

Mariline Bernadel

Wiler Bernadel

LL-

Famille Cléonie Bernadel

Octavius Morancy
(Père)

Cléonie Bernadel
(Mère)

Vénus Morancy

Julie Morancy

Pierre Marie Morancy

Joel Morancy

Léonie Morancy

127

MM-

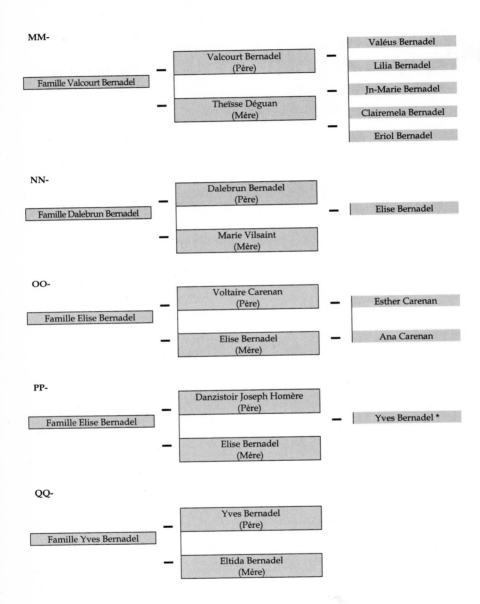

Famille Valcourt Bernadel

- Valcourt Bernadel (Père)
  - Valéus Bernadel
  - Lilia Bernadel
  - Jn-Marie Bernadel
- Theïsse Déguan (Mère)
  - Clairemela Bernadel
  - Eriol Bernadel

NN-

Famille Dalebrun Bernadel

- Dalebrun Bernadel (Père)
  - Elise Bernadel
- Marie Vilsaint (Mère)

OO-

Famille Elise Bernadel

- Voltaire Carenan (Père)
  - Esther Carenan
- Elise Bernadel (Mère)
  - Ana Carenan

PP-

Famille Elise Bernadel

- Danzistoir Joseph Homère (Père)
  - Yves Bernadel *
- Elise Bernadel (Mère)

QQ-

Famille Yves Bernadel

- Yves Bernadel (Père)
- Eltida Bernadel (Mère)

RR-

Famille Marie Vilsaint

— Tifaine Lemaine (Père)

— Marie Vilsaint (Mère)

— Lebrun Lemaine

SS-

Famille Lebrun Lemaine

— Lebrun Lemaine (Père)

— Thermanite Francoeur (Mère)

— Ariane Lemaine

— Sylbrin Lemaine

TT-

Famille Marie Vilsaint

— Alexandre Maignan (Père)

— Marie Vilsaint (Mère)

— Olmann Maignan

— Hélène Maignan

UU-

Famille Olmann Maignan

— Olmann Maignan (Père)

— Emiliance Lalanne (Mère)

— Férauld Maignan

VV-

Famille Hélène Maignan

— Hermane Guillaume (Père)

— Hélène Maignan (Mère)

— Frank Guillaume

— France Guillaume

— Renaud Guillaume

— Marie Anthonine Guillaume

— Désilias Guillaume

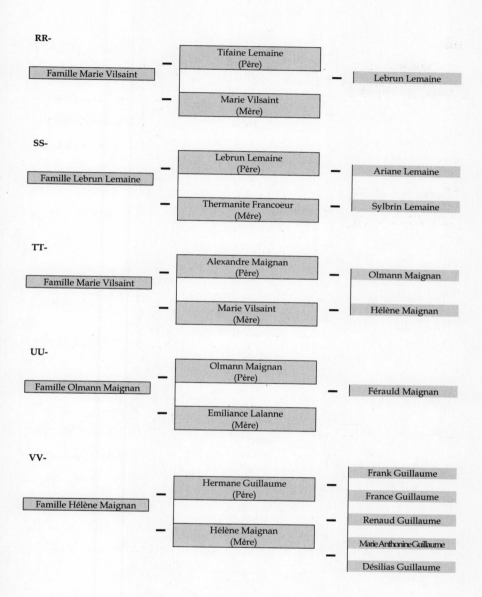

129

WW-

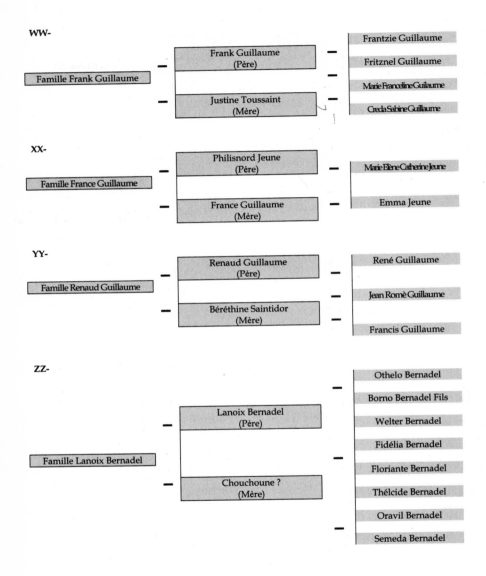

Famille Frank Guillaume

Frank Guillaume (Père)

Justine Toussaint (Mère)

Frantzie Guillaume

Fritznel Guillaume

Marie Franceline Guillaume

Creda Sabine Guillaume

XX-

Famille France Guillaume

Philisnord Jeune (Père)

France Guillaume (Mère)

Marie Elène Catherine Jeune

Emma Jeune

YY-

Famille Renaud Guillaume

Renaud Guillaume (Père)

Béréthine Saintidor (Mère)

René Guillaume

Jean Romè Guillaume

Francis Guillaume

ZZ-

Famille Lanoix Bernadel

Lanoix Bernadel (Père)

Chouchoune ? (Mère)

Othelo Bernadel

Borno Bernadel Fils

Welter Bernadel

Fidélia Bernadel

Floriante Bernadel

Thélcide Bernadel

Oravil Bernadel

Semeda Bernadel

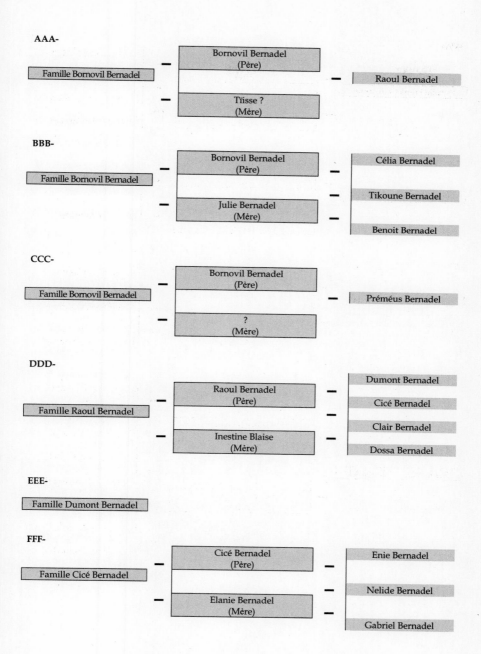

AAA-

Famille Bornovil Bernadel

Bornovil Bernadel
(Père)

Tïisse ?
(Mère)

Raoul Bernadel

BBB-

Famille Bornovil Bernadel

Bornovil Bernadel
(Père)

Julie Bernadel
(Mère)

Célia Bernadel

Tikoune Bernadel

Benoit Bernadel

CCC-

Famille Bornovil Bernadel

Bornovil Bernadel
(Père)

?
(Mère)

Préméus Bernadel

DDD-

Famille Raoul Bernadel

Raoul Bernadel
(Père)

Inestine Blaise
(Mère)

Dumont Bernadel

Cicé Bernadel

Clair Bernadel

Dossa Bernadel

EEE-

Famille Dumont Bernadel

FFF-

Famille Cicé Bernadel

Cicé Bernadel
(Père)

Elanie Bernadel
(Mère)

Enie Bernadel

Nelide Bernadel

Gabriel Bernadel

131

GGG-

| Familles Clair Bernadel et Dossa Bernadel | — | Célibataires – Pas d'enfant |

HHH-

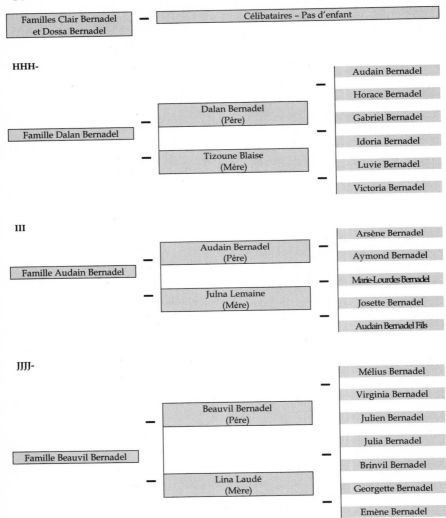

Famille Dalan Bernadel	—	Dalan Bernadel (Père)	—	Audain Bernadel
				Horace Bernadel
				Gabriel Bernadel
				Idoria Bernadel
	—	Tizoune Blaise (Mère)		Luvie Bernadel
				Victoria Bernadel

III

Famille Audain Bernadel	—	Audain Bernadel (Père)	—	Arsène Bernadel
				Aymond Bernadel
				Marie-Lourdes Bernadel
	—	Julna Lemaine (Mère)		Josette Bernadel
				Audain Bernadel Fils

JJJJ-

Famille Beauvil Bernadel	—	Beauvil Bernadel (Père)	—	Mélius Bernadel
				Virginia Bernadel
				Julien Bernadel
				Julia Bernadel
	—	Lina Laudé (Mère)		Brinvil Bernadel
				Georgette Bernadel
				Emène Bernadel

KKK-

Famille Mélius Bernadel

— Mélius Bernadel (Père)
— Iranie Bernadel (Mère)

— Erna Bernadel
— Missoule Bernadel
— Lina Bernadel
— Bredy Bernadel

LLL-

Famille Virginia Bernadel

— Onesse Lorthé (Père)
— Virginia Bernadel (Mère)

— Marc Lorthé
— Ernest Lorthé

MMM-

Famille Julien Bernadel

— Julien Bernadel (Père)
— Porcia Buissreth (Mère)

— François Bernadel
— Nicole Bernadel
— Adeline Bernadel

NNN-

Famille François Bernadel

— François Bernadel (Père)
— Laude Nazaire (Mère)

— Yves-Mary Goethe Bernadel
— Naomie Bernadel

OOO-

Famille Adeline Bernadel

— Joseph Dumas (Père)
— Adeline Bernadel (Mère)

— Marie Porcia Cristelle Dumas
— Lourde Vladimir Dumas
— Alain Richard Dumas

133

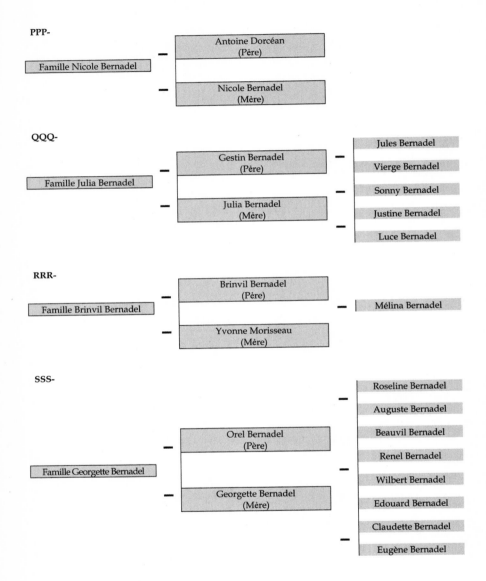

PPP-

Famille Nicole Bernadel

Antoine Dorcéan
(Père)

Nicole Bernadel
(Mère)

QQQ-

Famille Julia Bernadel

Gestin Bernadel
(Père)

Julia Bernadel
(Mère)

Jules Bernadel

Vierge Bernadel

Sonny Bernadel

Justine Bernadel

Luce Bernadel

RRR-

Famille Brinvil Bernadel

Brinvil Bernadel
(Père)

Yvonne Morisseau
(Mère)

Mélina Bernadel

SSS-

Famille Georgette Bernadel

Orel Bernadel
(Père)

Georgette Bernadel
(Mère)

Roseline Bernadel

Auguste Bernadel

Beauvil Bernadel

Renel Bernadel

Wilbert Bernadel

Edouard Bernadel

Claudette Bernadel

Eugène Bernadel

TTT-

Famille Emène Bernadel	**Hyppolite Lalanne** (Père)
	Emène Bernadel (Mère)

- Aymond Lalanne
- Dominique Lalanne
- Saintanie Lalanne
- Andréa Lalanne
- Hermite Lalanne
- Fernande Lalanne

UUU-

Autres membres De la famille Bernadel	Dilara Bernadel
	Dipomène Bernadel
	Bernadine Bernadel
	Damilia Bernadel
	Dalebrun Bernadel
	Fénelon Bernadel
	Morose Bernadel

VVV-

Famille Morose Bernadel	**Morose Bernadel** (Père)
	Isatilde Bernadel (Mère)

- Priame Bernadel
- Moriane Bernadel
- Hectanie Bernadel

WWW-

Famille Ormilia Bernadel	**Laurent Desrosier** (Père)
	Ormilia Bernadel (Mère)

- Orphélia Bernadel

XXX-

Famille Ormilia Bernadel

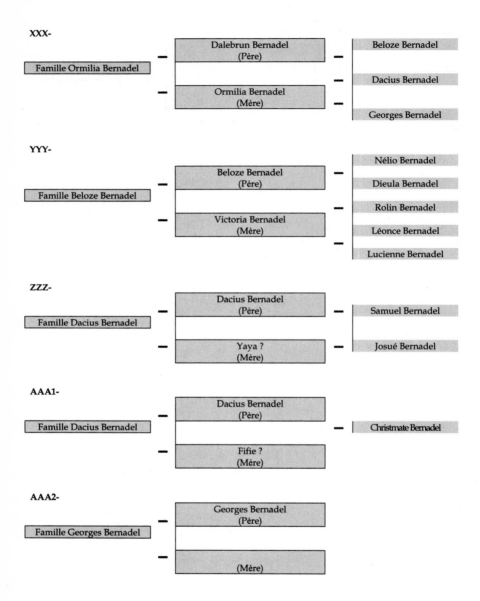

Dalebrun Bernadel
(Père)

Beloze Bernadel

Dacius Bernadel

Ormilia Bernadel
(Mère)

Georges Bernadel

YYY-

Famille Beloze Bernadel

Beloze Bernadel
(Père)

Nélio Bernadel

Dieula Bernadel

Rolin Bernadel

Victoria Bernadel
(Mère)

Léonce Bernadel

Lucienne Bernadel

ZZZ-

Famille Dacius Bernadel

Dacius Bernadel
(Père)

Samuel Bernadel

Yaya ?
(Mère)

Josué Bernadel

AAA1-

Famille Dacius Bernadel

Dacius Bernadel
(Père)

Christmate Bernadel

Fifie ?
(Mère)

AAA2-

Famille Georges Bernadel

Georges Bernadel
(Père)

(Mère)

136

AAA3-

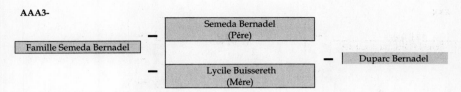

* Ont pris le nom de leur mère

137

Monsieur et Madame Nocirel Bernadel

Monsieur et Madame Ficerel Bernadel

Mme Mélius Bernadel,
son fils Bredy Bernadel
& ses petits-enfants

Famille Buissereth

A- Famille Boileau Buissereth
B- Famille Brun Buissereth
C- Famille Brun Buissereth
D- Autres enfants de Brun Buissereth
E- Famille Tobessier Buissereth
F- Famille Clélie Buissereth
G- Famille Bertha Buissereth
H- Famille Joliette Buissereth
I- Famille Joubert Buissereth
J- Famille Porcia Buissereth
K- Famille Marie Buissereth
L- Famille Roger Buissereth
M- Famille Harry Buissereth
N- Famille Patrick Buissereth
O- Famille Sofia Buissereth
P- Famille Valentin Buissereth
Q- Autres enfants de Valentin Buissereth
R- Famille Bérétine Buissereth
S- Famille Odette Buissereth
T- Famille Ernest Buissereth
U- Famille Célie Buissereth
V- Famille Vernélia Buissereth
W- Famille Anacia Buissereth
X- Famille Racine Buissereth
Y- Famille Rémy Buissereth
Z- Famille Mahot Buissereth
AA- Famille Mahot Buissereth
BB- Famille Maholin Buissereth
CC- Famille Félicité Buissereth
DD- Famille Mahoclin Buissereth
EE- Famille Mina Buissereth
FF- Famille Canada Buissereth
GG- Famille Pyrus Buissereth

HH- Famille Annas Buissereth
II- Famille Emile Buissereth
JJ- Famille Camilla Buissereth
KK- Famille Camilla Buissereth
LL- Famille Edouargène Buissereth
MM- Famille Osante Buissereth
NN- Famille Emilien Buissereth
OO- Famille Emilien Buissereth
PP- Famille Saintanise Buissereth
QQ- Famille Saintanise Buissereth
RR- Famille Saintanise Buissereth
SS- Famille Eronise Buissereth
TT- Famille Enol Buissereth
UU- Famille Modeline Buissereth
VV- Famille Wilfrid Buissereth
WW- Famille Evine Buissereth
XX- Famille Telon Buissereth
YY- Famille Dieujuste Buissereth
ZZ- Famille Lindor Buissereth
AAA- Famille Lindor Buissereth
BBB- Famille Achille Buissereth
CCC- Famille Jeannine Buissereth
DDD- Famille Patricia Grace La France
EEE- Famille Cham Buissereth
FFF- Famille Bélonie Buissereth
GGG- Famille Louise Buissereth
HHH- Famille Louise Buissereth
III- Famille Fernand Toussaint
JJJ- Famille Fernand Toussaint
KKK- Famille Dieujuste Buissereth
LLL- Famille Brant Buissereth
MMM-Famille Maurice Buissereth
NNN- Famille Marie-Louise Buissereth

OOO- Famille Sonie Buissereth
PPP- Famille Dieujuste Buissereth
QQQ- Famille Dieujuste Buissereth
RRR- Famille Dieujuste Buissereth
SSS- Famille Denise Buissereth
TTT- Autres membres de la famille Buissereth

A-

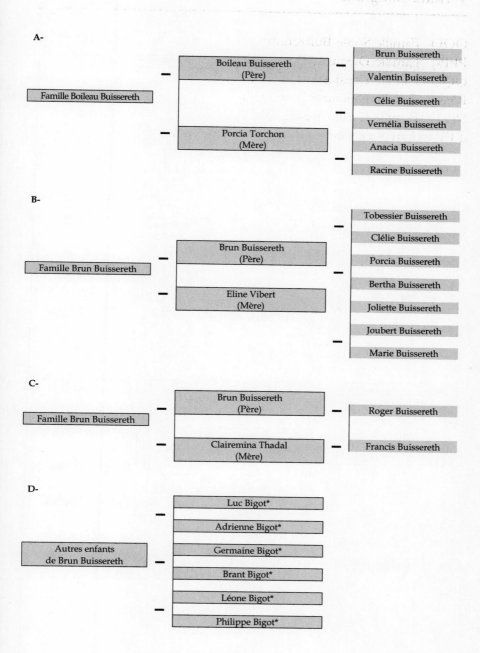

Famille Boileau Buissereth

Boileau Buissereth
(Père)

Porcia Torchon
(Mère)

Brun Buissereth
Valentin Buissereth
Célie Buissereth
Vernélia Buissereth
Anacia Buissereth
Racine Buissereth

B-

Famille Brun Buissereth

Brun Buissereth
(Père)

Eline Vibert
(Mère)

Tobessier Buissereth
Clélie Buissereth
Porcia Buissereth
Bertha Buissereth
Joliette Buissereth
Joubert Buissereth
Marie Buissereth

C-

Famille Brun Buissereth

Brun Buissereth
(Père)

Clairemina Thadal
(Mère)

Roger Buissereth
Francis Buissereth

D-

Autres enfants
de Brun Buissereth

Luc Bigot*
Adrienne Bigot*
Germaine Bigot*
Brant Bigot*
Léone Bigot*
Philippe Bigot*

143

E-

Famille Tobessier Buissereth — Pas d'enfant.

F-

Famille Clélie Buissereth —
Bogart Morancy
(Père)

— Clélie Buissereth
(Mère)

G-

Famille Bertha Buissereth — Pas d'enfant

H-

Famille Joliette Buissereth —
?
(Père)

— Joliette Buissereth
(Mère)

— Mireille Buissereth

I-

Famille Joubert Buissereth — Pas d'enfant

J-

Famille Porcia Buissereth —
Julien Bernadel
(Père)

— Porcia Buissereth
(Mère)

— François Bernadel

— Nicole Bernadel

— Adeline Bernadel

K-

Famille Marie Buissereth — Emigrée en République Dominicaine – Cinq (5) enfants – Aucune information additionnelle

L-

Famille Roger Buissereth

Roger Buissereth
(Père)

Adrienne Vilsaint
(Mère)

Harry Buissereth

Patrick Buissereth

Sofia Buissereth

M-

Famille Harry Buissereth

Harry Buissereth
(Père)

Elise Bernadel
(Mère)

Jerry Buissereth

Cédrick Buissereth

N-

Famille Patrick Buissereth

Patrick Buissereth
(Père)

Viviane Bernadel
(Mère)

Dydra Buissereth

Thela Buissereth

O-

Famille Sofia Buissereth

Yves René Lorthé
(Père)

Sofia Buissereth
(Mère)

Nicolas Lorthé

Christopher Lorthé

P-

Famille Valentin Buissereth

Valentin Buissereth
(Père)

Justine Lemaine
(Mère)

Bérétine Buissereth

Ernest Buissereth

Odette Buissereth

Q-

Autre enfant
de Valentin Buissereth

Elvie Leclerc – Vit au Canada

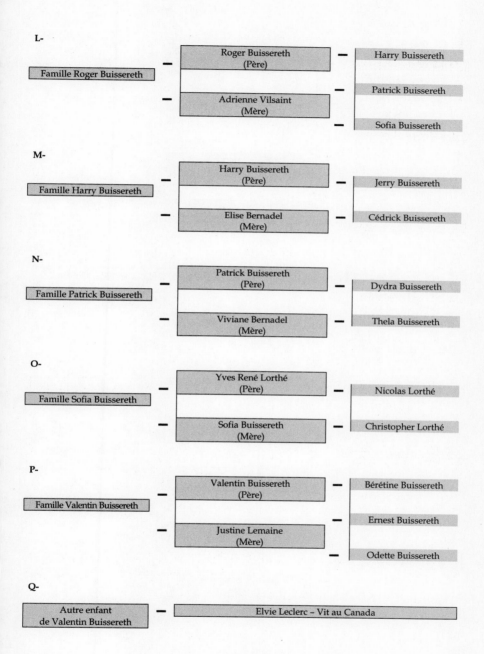

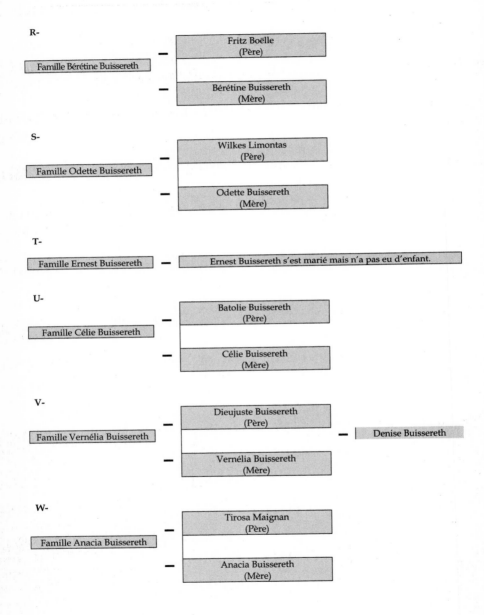

R-

Famille Bérétine Buissereth

— Fritz Boëlle (Père)

— Bérétine Buissereth (Mère)

S-

Famille Odette Buissereth

— Wilkes Limontas (Père)

— Odette Buissereth (Mère)

T-

Famille Ernest Buissereth — Ernest Buissereth s'est marié mais n'a pas eu d'enfant.

U-

Famille Célie Buissereth

— Batolie Buissereth (Père)

— Célie Buissereth (Mère)

V-

Famille Vernélia Buissereth

— Dieujuste Buissereth (Père)

— Vernélia Buissereth (Mère)

— Denise Buissereth

W-

Famille Anacia Buissereth

— Tirosa Maignan (Père)

— Anacia Buissereth (Mère)

X-

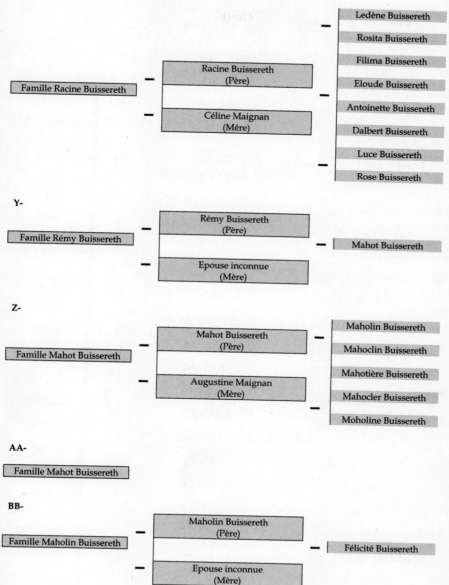

Famille Racine Buissereth

Racine Buissereth
(Père)

Céline Maignan
(Mére)

Ledène Buissereth

Rosita Buissereth

Filima Buissereth

Eloude Buissereth

Antoinette Buissereth

Dalbert Buissereth

Luce Buissereth

Rose Buissereth

Y-

Famille Rémy Buissereth

Rémy Buissereth
(Père)

Epouse inconnue
(Mère)

Mahot Buissereth

Z-

Famille Mahot Buissereth

Mahot Buissereth
(Père)

Augustine Maignan
(Mère)

Maholin Buissereth

Mahoclin Buissereth

Mahotière Buissereth

Mahocler Buissereth

Moholine Buissereth

AA-

Famille Mahot Buissereth

BB-

Famille Maholin Buissereth

Maholin Buissereth
(Père)

Epouse inconnue
(Mère)

Félicité Buissereth

147

CC-

Famille Félicité Buissereth

François Jean Marie
(Père)

Félicité Buissereth
(Mère)

DD-

Famille Mahoclin Buissereth

Mahoclin Buissereth
(Père)

Dina Jean Marie
(Mère)

Mina Buissereth

Dina Buissereth

EE-

Famille Mina Buissereth

Epoux Buissereth
(Père)

Mina Buissereth
(Mère)

Canada Buissereth

Pyrus Buissereth

Annas Buissereth

FF-

Famille Canada Buissereth

Canada Buissereth
(Père)

Emilie Buissereth
(Mère)

Emile Buissereth

Técia Buissereth

Térésia Buissereth

Octave Buissereth

Adras Buissereth

Devil Buissereth

Modeste Buissereth

Lamercie Buissereth

GG-

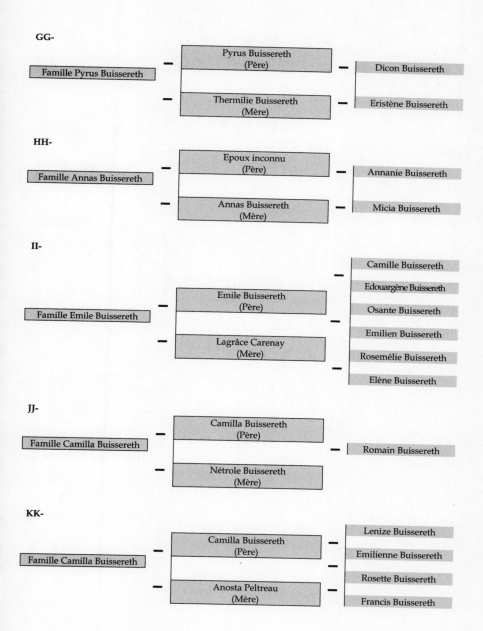

Famille Pyrus Buissereth

Pyrus Buissereth
(Père)

Dicon Buissereth

Thermilie Buissereth
(Mère)

Eristène Buissereth

HH-

Famille Annas Buissereth

Epoux inconnu
(Père)

Annanie Buissereth

Annas Buissereth
(Mère)

Micia Buissereth

II-

Famille Emile Buissereth

Emile Buissereth
(Père)

Lagrâce Carenay
(Mère)

Camille Buissereth

Edouargène Buissereth

Osante Buissereth

Emilien Buissereth

Rosemélie Buissereth

Elène Buissereth

JJ-

Famille Camilla Buissereth

Camilla Buissereth
(Père)

Nétrole Buissereth
(Mère)

Romain Buissereth

KK-

Famille Camilla Buissereth

Camilla Buissereth
(Père)

Anosta Peltreau
(Mère)

Lenize Buissereth

Emilienne Buissereth

Rosette Buissereth

Francis Buissereth

149

LL-

| Famille Edouargène Buissereth | — | Pas d'enfant. |

MM-

| Famille Osante Buissereth | — | Touline Gachelin (Père) | — | Mécène Gachelin |
| | — | Osante Buissereth (Mère) | — | Roberson Gachelin |

NN-

Famille Emilien Buissereth	—	Emilien Buissereth (Père)	—	Saintanise Buissereth
				Fave Buissereth
			—	Eronise Buissereth
	—	Sainte Rose Jacques (Mère)	—	Enol Buissereth

OO-

Famille Emilien Buissereth	—	Emilien Buissereth (Père)	—	Marie Lourde Buissereth
				Méliane Buissereth
				Méprilien Buissereth
			—	Elienne Buissereth
	—	Eliane Jérôme (Mère)		Virginie Buissereth
				Canaola Buissereth
			—	Calixte Buissereth

PP-

| Famille Saintanise Buissereth | — | Dominique Guirand (Père) | — | Jn Michel Guirand |
| | — | Saintanise Buissereth (Mère) | | |

QQ-

Famille Saintanise Buissereth

Montilien Buissereth
(Père)

Saintanise Buissereth
(Mère)

Marionie Buissereth

Rosemène Buissereth

Jouveline Buissereth

Dacise Buissereth

Kerline Buissereth

RR-

Famille Saintanise Buissereth

Montilien Buissereth
(Père)

Saintanise Buissereth
(Mère)

Charles Buissereth

Glède Buissereth

Aloede Buissereth

Marie-Ange Buissereth

Sevère Buissereth

SS-

Famille Eronise Buissereth

Ferdinand Poteau
(Père)

Eronise Buissereth
(Mère)

Willy Poteau

Monique Poteau

Créolie Poteau

Antoniel Poteau

Italia Poteau

Arsène Poteau

TT-

Famille Enol Buissereth

Enol Buissereth
(Père)

Wilfine Pompé
(Mère)

Guy Buissereth

Modeline Buissereth

Wilfrid Buissereth

Evine Buissereth

151

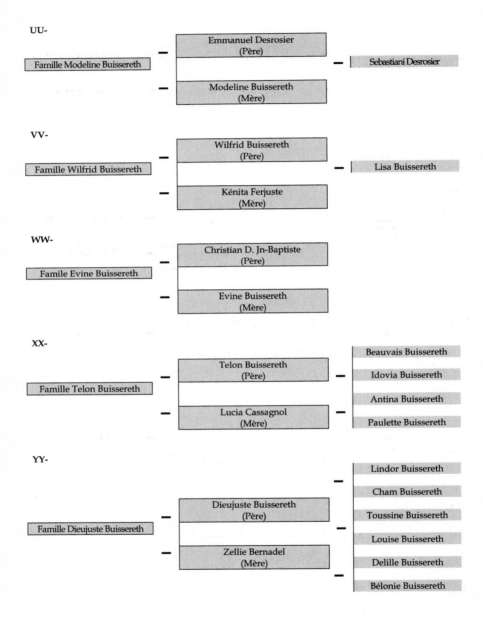

UU-

Famille Modeline Buissereth

- Emmanuel Desrosier
  (Père)
- Modeline Buissereth
  (Mère)

- Sebastiani Desrosier

VV-

Famille Wilfrid Buissereth

- Wilfrid Buissereth
  (Père)
- Kénita Ferjuste
  (Mère)

- Lisa Buissereth

WW-

Famile Evine Buissereth

- Christian D. Jn-Baptiste
  (Père)
- Evine Buissereth
  (Mère)

XX-

Famille Telon Buissereth

- Telon Buissereth
  (Père)
- Lucia Cassagnol
  (Mère)

- Beauvais Buissereth
- Idovia Buissereth
- Antina Buissereth
- Paulette Buissereth

YY-

Famille Dieujuste Buissereth

- Dieujuste Buissereth
  (Père)
- Zellie Bernadel
  (Mère)

- Lindor Buissereth
- Cham Buissereth
- Toussine Buissereth
- Louise Buissereth
- Delille Buissereth
- Bélonie Buissereth

152

ZZ-

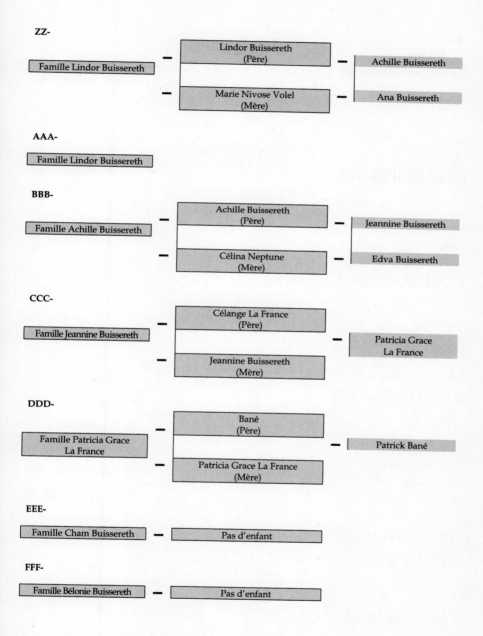

Famille Lindor Buissereth — Lindor Buissereth (Père) — Achille Buissereth

Marie Nivose Volel (Mère) — Ana Buissereth

AAA-

Famille Lindor Buissereth

BBB-

Famille Achille Buissereth — Achille Buissereth (Père) — Jeannine Buissereth

Célina Neptune (Mère) — Edva Buissereth

CCC-

Famille Jeannine Buissereth — Célange La France (Père) — Patricia Grace La France

Jeannine Buissereth (Mère)

DDD-

Famille Patricia Grace La France — Bané (Père) — Patrick Bané

Patricia Grace La France (Mère)

EEE-

Famille Cham Buissereth — Pas d'enfant

FFF-

Famille Bélonie Buissereth — Pas d'enfant

GGG-

Famille Louise Buissereth — Ferdinand Toussaint (Père) — Fernand Toussaint dit Yonyon

Louise Buissereth (Mère)

HHH-

Famille Louise Buissereth — Hiram Hibbert (Père) — Dieujuste Buissereth *

Louise Buissereth (Mère)

III-

Famille Fernand Toussaint — Fernand Toussaint "Yonyon" (Père) — Gérard Toussaint

Arabella Lezeau (Mère)

JJJ-

Famille Fernand Buissereth

KKK-

Famille Dieujuste Buissereth Fils — Dieujuste Buissereth (Père) — Brant Buissereth

Maurice Buissereth

Marie-Louise Buissereth

Christine Charles (Mère) — Sonie Buissereth

LLL-

Famille Brant Buissereth — Pas d'enfant

MMM-

Famille Maurice Buissereth — Pas d'enfant

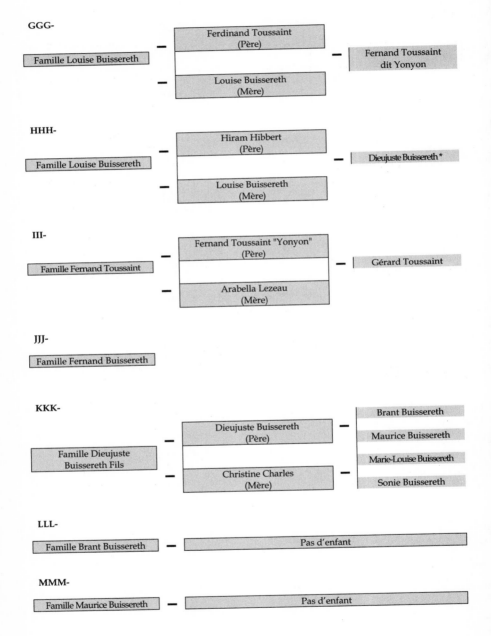

154

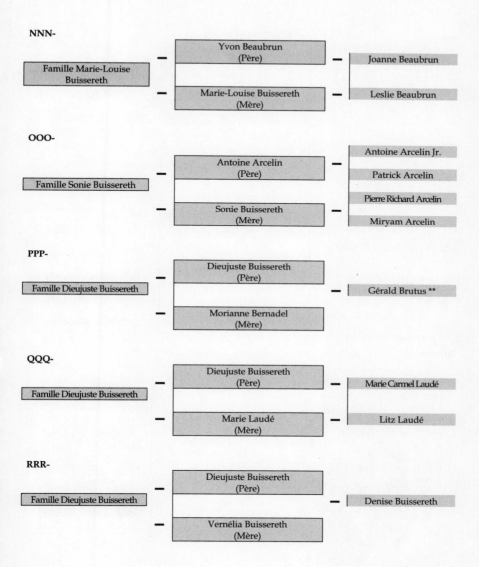

NNN-

Famille Marie-Louise Buissereth

Yvon Beaubrun
(Père)

Marie-Louise Buissereth
(Mère)

Joanne Beaubrun

Leslie Beaubrun

OOO-

Famille Sonie Buissereth

Antoine Arcelin
(Père)

Sonie Buissereth
(Mère)

Antoine Arcelin Jr.

Patrick Arcelin

Pierre Richard Arcelin

Miryam Arcelin

PPP-

Famille Dieujuste Buissereth

Dieujuste Buissereth
(Père)

Morianne Bernadel
(Mère)

Gérald Brutus **

QQQ-

Famille Dieujuste Buissereth

Dieujuste Buissereth
(Père)

Marie Laudé
(Mère)

Marie Carmel Laudé

Litz Laudé

RRR-

Famille Dieujuste Buissereth

Dieujuste Buissereth
(Père)

Vernélia Buissereth
(Mère)

Denise Buissereth

155

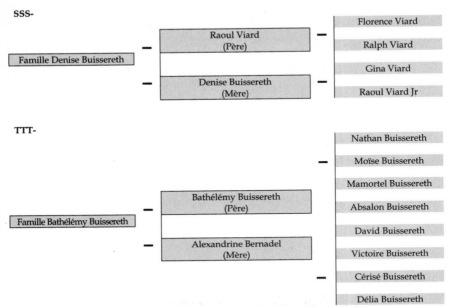

SSS-

Famille Denise Buissereth		
	Raoul Viard (Père)	Florence Viard / Ralph Viard
	Denise Buissereth (Mère)	Gina Viard / Raoul Viard Jr

TTT-

Famille Bathélémy Buissereth		
	Bathélémy Buissereth (Père)	Nathan Buissereth / Moïse Buissereth / Mamortel Buissereth / Absalon Buissereth
	Alexandrine Bernadel (Mère)	David Buissereth / Victoire Buissereth / Cérisé Buissereth / Délia Buissereth

* Ont pris le nom de leur mère

** a pris le nom du mari légitime de Morianne Bernadel, qui était Brutus.

Monsieur
Yves Bernadel

Monsieur Achille Buissereth

Famille Cassagnol

A-   Famille Alice Cassagnol
B-   Famille Aldon Cassagnol
C-   Famille Aldon Cassagnol
D-   Famille Aldon Cassagnol
E-   Famille Aldon Cassagnol
F-   Famille Aldon Cassagnol
G-   Famille Aldon Cassagnol
H-   Famille Aldon Cassagnol
I-   Famille Aldon Cassagnol
J-   Famille Aldon Cassagnol
K-   Famille Aldon Cassagnol
L-   Famille Alonce Cassagnol
M-   Famille Arince Cassagnol
N-   Famille Marc-Aurèle Cassagnol
O-   Famille Férel Cassagnol
P-   Famille Fernande Cassagnol
Q-   Famille Silvane Cassagnol
R-   Autres membres de la Famille Cassagnol

A-

```
                                                          ┌─ Aline Cassagnol
                                                          │
                                                          ├─ Licéne Cassagnol
                                                          │
                                                          ├─ Antovia Cassagnol
                                                          │
                            ┌─ Alice Cassagnol            ├─ Stanuela Cassagnol
                            │   (Père)                    │
  Famille Alice Cassagnol ─┤                              ├─ Arimène Cassagnol
                            │                             │
                            │   Eljusa Buissereth         ├─ Luzia Cassagnol
                            └─  (Mère)                    │
                                                          ├─ Aldon Cassagnol
                                                          │
                                                          ├─ Arince Cassagnol
                                                          │
                                                          └─ Alonce Cassagnol
```

B-

```
                            ┌─ Aldon Cassagnol
                            │   (Père)
  Famille Aldon Cassagnol ─┤                    ─ Garnier Cassagnol
                            │
                            └─  (Mère)
```

C-

```
                            ┌─ Aldon Cassagnol        ┌─ Yolande Cassagnol
                            │   (Père)                └─ Eveline Cassagnol
  Famille Aldon Cassagnol ─┤
                            │   Lucienne Carenan      ┌─ Marie Danièle Cassagnol
                            └─  (Mère)                └─ Armèle Cassagnol
```

D-

```
                            ┌─ Aldon Cassagnol
                            │   (Père)
  Famille Aldon Cassagnol ─┤                    ─ Silvane Cassagnol
                            │   Amanta Coquillon
                            └─  (Mère)
```

159

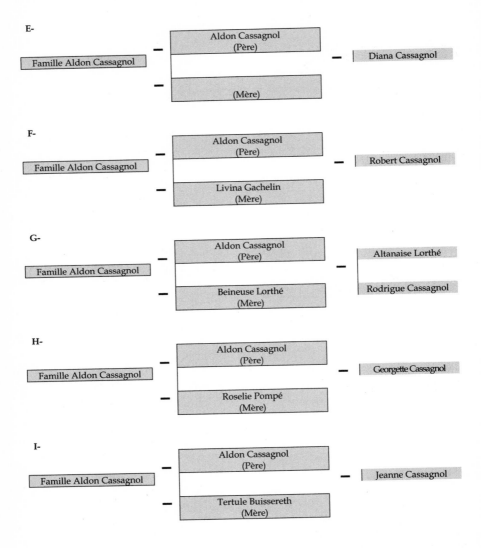

E-

Famille Aldon Cassagnol

Aldon Cassagnol
(Père)

(Mère)

Diana Cassagnol

F-

Famille Aldon Cassagnol

Aldon Cassagnol
(Père)

Livina Gachelin
(Mère)

Robert Cassagnol

G-

Famille Aldon Cassagnol

Aldon Cassagnol
(Père)

Beineuse Lorthé
(Mère)

Altanaise Lorthé

Rodrigue Cassagnol

H-

Famille Aldon Cassagnol

Aldon Cassagnol
(Père)

Roselie Pompé
(Mère)

Georgette Cassagnol

I-

Famille Aldon Cassagnol

Aldon Cassagnol
(Père)

Tertule Buissereth
(Mère)

Jeanne Cassagnol

J-

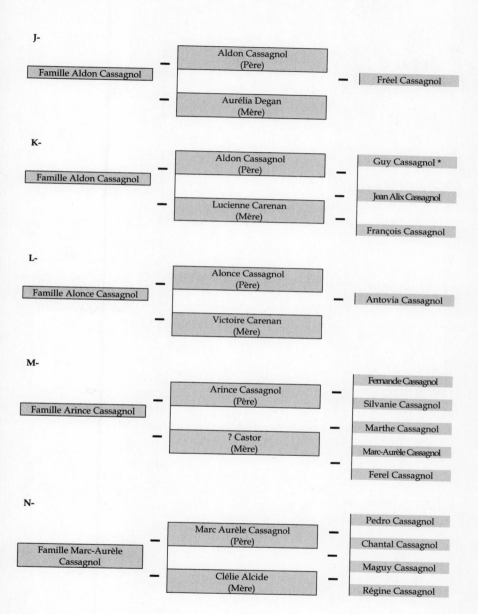

Famille Aldon Cassagnol

Aldon Cassagnol
(Père)

Aurélia Degan
(Mère)

Fréel Cassagnol

K-

Famille Aldon Cassagnol

Aldon Cassagnol
(Père)

Lucienne Carenan
(Mère)

Guy Cassagnol *

Jean Alix Cassagnol

François Cassagnol

L-

Famille Alonce Cassagnol

Alonce Cassagnol
(Père)

Victoire Carenan
(Mère)

Antovia Cassagnol

M-

Famille Arince Cassagnol

Arince Cassagnol
(Père)

? Castor
(Mère)

Fernande Cassagnol

Silvanie Cassagnol

Marthe Cassagnol

Marc-Aurèle Cassagnol

Ferel Cassagnol

N-

**Famille Marc-Aurèle
Cassagnol**

Marc Aurèle Cassagnol
(Père)

Clélie Alcide
(Mère)

Pedro Cassagnol

Chantal Cassagnol

Maguy Cassagnol

Régine Cassagnol

161

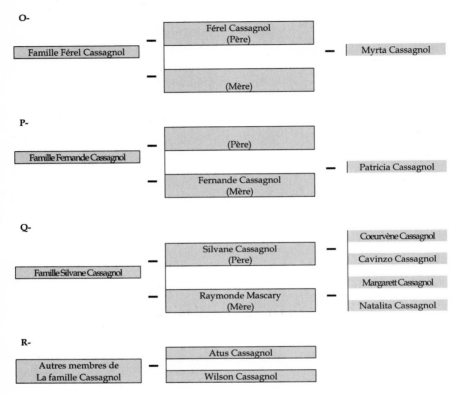

O-

Famille Férel Cassagnol

— Férel Cassagnol
(Père)

— (Mère)

— Myrta Cassagnol

P-

Famille Fernande Cassagnol

— (Père)

— Fernande Cassagnol
(Mère)

— Patricia Cassagnol

Q-

Famille Silvane Cassagnol

— Silvane Cassagnol
(Père)

— Raymonde Mascary
(Mère)

— Coeurvène Cassagnol

Cavinzo Cassagnol

Margarett Cassagnol

— Natalita Cassagnol

R-

Autres membres de
La famille Cassagnol

— Atus Cassagnol

Wilson Cassagnol

* Guy Cassagnol a été adopté par un sociologue suisse. Eduqué à Genève, il est devenu Docteur en Médecine. Il travaille actuellement aux États-Unis.

Famille Guirand

A-   Famille Nissage Guirand
B-   Famille Waldeck Guirand
C-   Famille Waldeck Guirand
D-   Famille Jeanne Guirand
E-   Famille Nissage Guirand Fils
F-   Famille Raymonde Guirand
G-   Famille Lyonel Guirand
H-   Famille Clarisse Guirand
I-   Famille Carinette Guirand
J-   Famille Alice Guirand
K-   Autres enfants de Nissage Guirand
L-   Famille Choule Guirand
M-   Famille Herissé Guirand
N-   Famille André Guirand
O-   Famille Andréa Guirand
P-   Famille Ersulie Guirand
Q-   Famille Huttel Guirand
R-   Famille Huttel Guirand
S-   Famille Herissé Guirand
T-   Autres enfants de Herissé Guirand
U-   Soeurs de Herissé Guirand
V-   Famille Estebel Guirand
W-   Autres enfants de Estebel Guirand
X-   Famille Dickman Guirand
Y-   Famille Précieux Guirand
Z-   Autres enfants de Précieux Guirand
AA-   Famille Vernier Guirand
BB-   Famille Dilman Guirand
CC-   Famille Dominique Guirand
DD-   Famille Henri Guirand
EE-   Famille Anette Guirand
FF-   Famille Anita Guirand
GG-   Famille Emmanuel Guirand

HH-   Autres enfants de Emmanuel Guirand
II-   Famille Auguste Guirand
JJ-   Famille Frédéric Guirand
KK-   Famille maxime Guirand, Bernard Guirand et Jn-Claude
       Guirand
LL-   Famille Mariline Guirand

A-

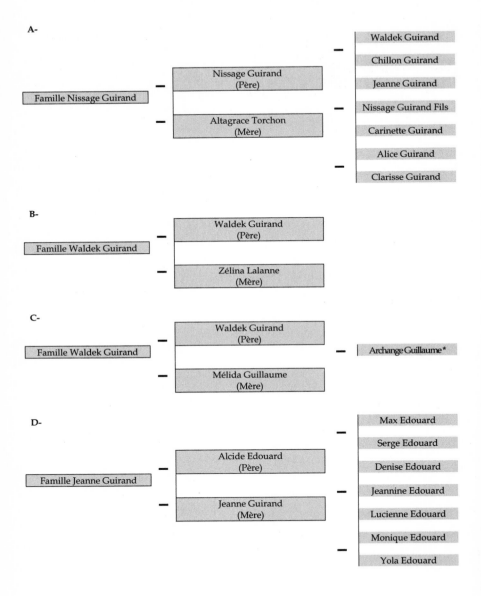

Famille Nissage Guirand

Nissage Guirand (Père)

Altagrace Torchon (Mère)

Waldek Guirand
Chillon Guirand
Jeanne Guirand
Nissage Guirand Fils
Carinette Guirand
Alice Guirand
Clarisse Guirand

B-

Famille Waldek Guirand

Waldek Guirand (Père)

Zélina Lalanne (Mère)

C-

Famille Waldek Guirand

Waldek Guirand (Père)

Mélida Guillaume (Mère)

Archange Guillaume*

D-

Famille Jeanne Guirand

Alcide Edouard (Père)

Jeanne Guirand (Mère)

Max Edouard
Serge Edouard
Denise Edouard
Jeannine Edouard
Lucienne Edouard
Monique Edouard
Yola Edouard

E-

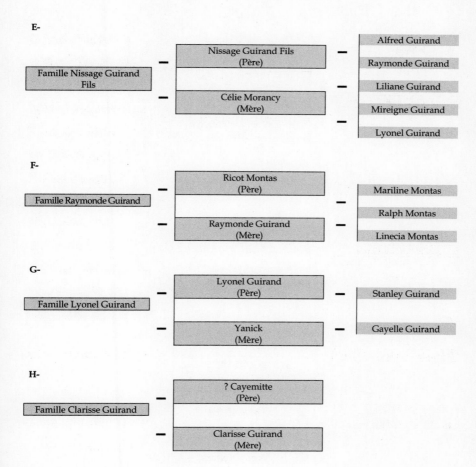

Famille Nissage Guirand Fils

Nissage Guirand Fils
(Père)

Célie Morancy
(Mère)

Alfred Guirand

Raymonde Guirand

Liliane Guirand

Mireigne Guirand

Lyonel Guirand

F-

Famille Raymonde Guirand

Ricot Montas
(Père)

Raymonde Guirand
(Mère)

Mariline Montas

Ralph Montas

Linecia Montas

G-

Famille Lyonel Guirand

Lyonel Guirand
(Père)

Yanick
(Mère)

Stanley Guirand

Gayelle Guirand

H-

Famille Clarisse Guirand

? Cayemitte
(Père)

Clarisse Guirand
(Mère)

I-

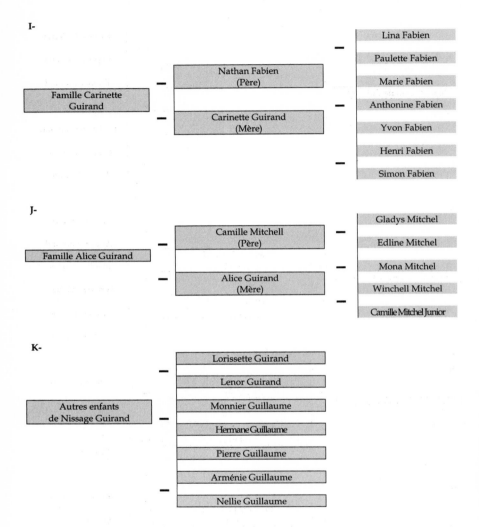

		Lina Fabien
	Nathan Fabien (Père)	Paulette Fabien
Famille Carinette Guirand		Marie Fabien
	Carinette Guirand (Mère)	Anthonine Fabien
		Yvon Fabien
		Henri Fabien
		Simon Fabien

J-

		Gladys Mitchel
	Camille Mitchell (Père)	Edline Mitchel
Famille Alice Guirand		Mona Mitchel
	Alice Guirand (Mère)	Winchell Mitchel
		Camille Mitchel Junior

K-

	Lorissette Guirand
	Lenor Guirand
Autres enfants de Nissage Guirand	Monnier Guillaume
	Hermane Guillaume
	Pierre Guillaume
	Arménie Guillaume
	Nellie Guillaume

L-

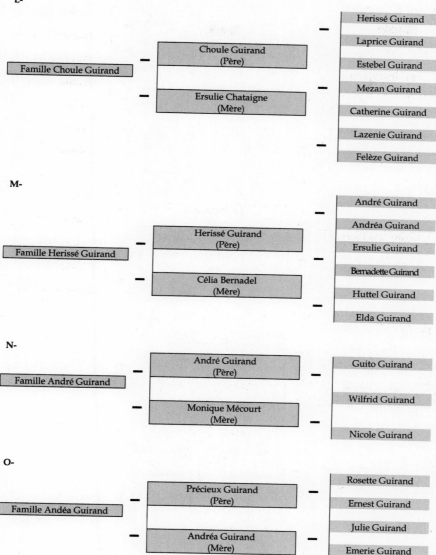

Famille Choule Guirand

Choule Guirand
(Père)

Ersulie Chataigne
(Mère)

Herissé Guirand

Laprice Guirand

Estebel Guirand

Mezan Guirand

Catherine Guirand

Lazenie Guirand

Felèze Guirand

M-

Famille Herissé Guirand

Herissé Guirand
(Père)

Célia Bernadel
(Mère)

André Guirand

Andréa Guirand

Ersulie Guirand

Bernadette Guirand

Huttel Guirand

Elda Guirand

N-

Famille André Guirand

André Guirand
(Père)

Monique Mécourt
(Mère)

Guito Guirand

Wilfrid Guirand

Nicole Guirand

O-

Famille Andéa Guirand

Précieux Guirand
(Père)

Andréa Guirand
(Mère)

Rosette Guirand

Ernest Guirand

Julie Guirand

Emerie Guirand

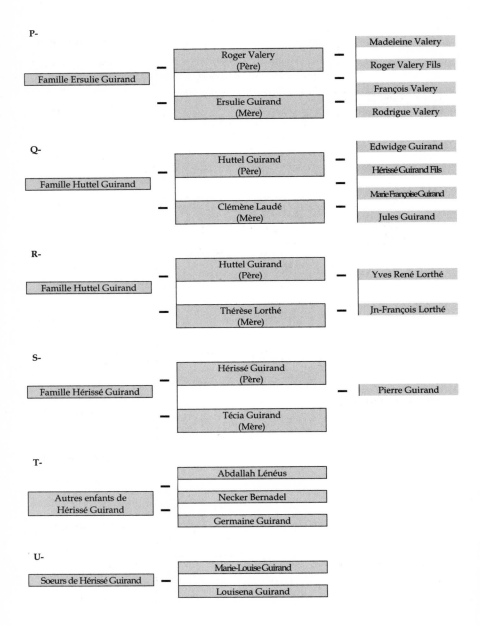

P-

Famille Ersulie Guirand

Roger Valery (Père)

Ersulie Guirand (Mère)

Madeleine Valery

Roger Valery Fils

François Valery

Rodrigue Valery

Q-

Famille Huttel Guirand

Huttel Guirand (Père)

Clémène Laudé (Mère)

Edwidge Guirand

Hérissé Guirand Fils

Marie Françoise Guirand

Jules Guirand

R-

Famille Huttel Guirand

Huttel Guirand (Père)

Thérèse Lorthé (Mère)

Yves René Lorthé

Jn-François Lorthé

S-

Famille Hérissé Guirand

Hérissé Guirand (Père)

Técia Guirand (Mère)

Pierre Guirand

T-

Autres enfants de Hérissé Guirand

Abdallah Lénéus

Necker Bernadel

Germaine Guirand

U-

Soeurs de Hérissé Guirand

Marie-Louise Guirand

Louisena Guirand

170

V-

Famille Estebel Guirand ⎯

Estebel Guirand
(Père)

Delizena Frank
(Mère)

Dickman Guirand

Néragène Guirand

Gesner Guirand

Céleste Guirand

Elise Guirand

Celestine Guirand

W-

Autres enfants
De Estebel Guirand

Therlonge Guirand

Idamante Guirand

Justine Guirand

Justin Guirand

X-

Famille Dickman Guirand

Dickman Guirand
(Père)

Iramène Guirand
(Mère)

Précieux Guirand

Vernier Guirand

Dilman Guirand

Anette Guirand

Emmanuel Guirand

Anita Guirand

Dominique Guirand

Henri Guirand

Y-

Famille Précieux Guirand

Précieux Guirand
(Père)

Andréa Guirand
(Mère)

Ernest Guirand

Julie Guirand

Rosette Guirand

Emerie Guirand

171

Z-

	Costeau Guirand
	Cristal Guirand
	Maguie Guirand
Autres enfants de Estebel Guirand	Jean Guirand
	Mama Guirand
	François Guirand
	Elourde Guirand
	Mona Alexandre*
	Mura Alexandre*

AA-

Famille Vernier Guirand	Vernier Guirand (Père)	Serge Guirand
	? (Mère)	Mona Guirand

BB-

		Anne Marie Guirand
		Jeannine Guirand
Famille Dilman Guirand	Dilman Guirand (Père)	Monique Guirand
		Josette Guirand
	Mélia ? (Mère)	Dilman Guirand Junior
		Mimose Guirand

172

CC-

Famille Dominique Guirand

- Dominique Guirand (Père)
  - Frankie Guirand
  - Tido Guirand
- Rosette Lorthé (Mère)
  - Foufoune Guirand
  - Marie Michel Guirand

DD-

Famille Henri Guirand

- Henri Guirand (Père)
- Jeannine ? (Mère)

EE-

Famille Anette Guirand

- Devis Peltreau (Père)
  - Willens Peltreau
  - Wilna Peltreau
- Anette Guirand (Mère)
  - Guerda Peltreau
  - Mireille Peltreau
  - Kerline Peltreau

FF-

Famille Anita Guirand

- ? (Père)
  - Ginette Guirand
  - Dumesle Guirand
  - Mona Guirand
  - Aliette Guirand
- Anita Guirand (Mère)
  - Maryse Guirand
  - Jean Guirand
  - Mimose Guirand
  - Anne Guirand

173

GG-

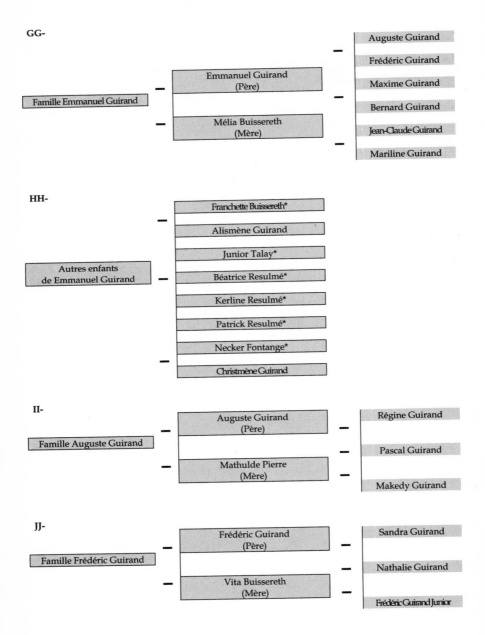

Famille Emmanuel Guirand

Emmanuel Guirand (Père)

Mélia Buissereth (Mère)

Auguste Guirand

Frédéric Guirand

Maxime Guirand

Bernard Guirand

Jean-Claude Guirand

Mariline Guirand

HH-

Autres enfants de Emmanuel Guirand

Franchette Buissereth*

Alismène Guirand

Junior Talay*

Béatrice Resulmé*

Kerline Resulmé*

Patrick Resulmé*

Necker Fontange*

Christmène Guirand

II-

Famille Auguste Guirand

Auguste Guirand (Père)

Mathulde Pierre (Mère)

Régine Guirand

Pascal Guirand

Makedy Guirand

JJ-

Famille Frédéric Guirand

Frédéric Guirand (Père)

Vita Buissereth (Mère)

Sandra Guirand

Nathalie Guirand

Frédéric Guirand Junior

174

KK-

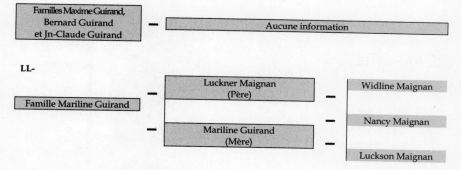

LL-

Famille Mariline Guirand — Luckner Maignan (Père) — Widline Maignan

Mariline Guirand (Mère) — Nancy Maignan

Luckson Maignan

* ont pris le nom de leur mère

M. & Mme Nissage Guirand Père

M. & Mme Huttel Guirand

M. & Mme Alcide Edouard

Famille Lalanne

A-   Famille Damano Lalanne
B-   Famille Damano Lalanne
C-   Famille Damano Lalanne
D-   Famille Fanfan Lalanne
E-   Famille Hyppolite Lalanne
F-   Famille Hyppolite Lalanne
G-   Famille Aymond Lalanne
H-   Famille Marjorie Lalanne
I-   Famille Dominique Lalanne
J-   Famille Saintanie Lalanne
K-   Famille Andréa Lalanne
L-   Famille Fernande Lalanne
M-   Famille Fernande Lalanne
N-   Famille Emiliance Lalanne
O-   Famille Férauld Maignan
P-   Famille Marie-Jude Maignan
Q-   Famille Nancy Maignan
R-   Famille Geneviève Maignan
S-   Famille Muriel Maignan
T-   Famille Cléolian Lalanne
U-   Famille Cléolian Lalanne
V-   Famille Fanfan Lalanne Junior
W-   Famille Clémène Lalanne
X-   Famille François Lalanne
Y-   Famille Anglade Lalanne
Z-   Famille Auriol Lalanne
AA-   Famille Louis Lalanne
BB-   Famille Gustave Lalanne
CC-   Famille Manita Lalanne
DD-   Famille Mélina Lalanne
EE-   Famille Odette Lalanne
FF-   Famille Lionel Lalanne
GG-   Famille Pélissier Lalanne

HH-   Famille Gagnol Lalanne
II-   Famille Daudet Lalanne
JJ-   Famille Serge Lalanne
KK-   Famille Bernadette Lalanne
LL-   Famille Vertus Lalanne
MM-   Famille Alphonse Lalanne
NN-   Famille Desperol Lalanne
OO-   Famille Horacius Lalanne
PP-   Famille Horacius Lalanne
QQ-   Famille Théodule Lalanne
RR-   Famille Priscilla Lalanne
SS-   Famille Lycette Lalanne

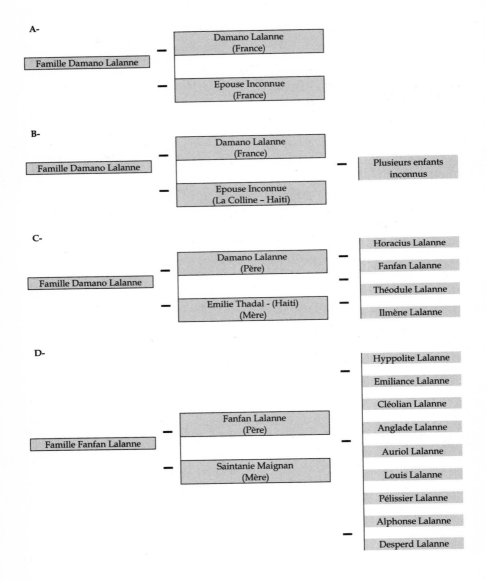

E-

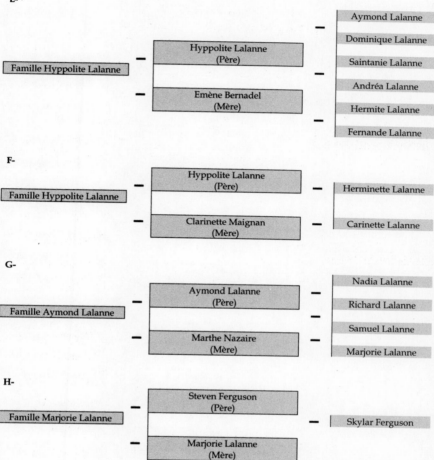

Famille Hyppolite Lalanne

Hyppolite Lalanne
(Père)

Emène Bernadel
(Mère)

Aymond Lalanne

Dominique Lalanne

Saintanie Lalanne

Andréa Lalanne

Hermite Lalanne

Fernande Lalanne

F-

Famille Hyppolite Lalanne

Hyppolite Lalanne
(Père)

Clarinette Maignan
(Mère)

Herminette Lalanne

Carinette Lalanne

G-

Famille Aymond Lalanne

Aymond Lalanne
(Père)

Marthe Nazaire
(Mère)

Nadia Lalanne

Richard Lalanne

Samuel Lalanne

Marjorie Lalanne

H-

Famille Marjorie Lalanne

Steven Ferguson
(Père)

Marjorie Lalanne
(Mère)

Skylar Ferguson

I-

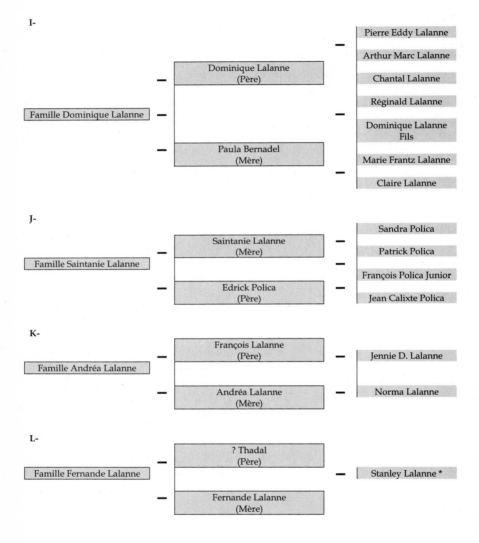

Famille Dominique Lalanne

Dominique Lalanne
(Père)

Paula Bernadel
(Mère)

Pierre Eddy Lalanne

Arthur Marc Lalanne

Chantal Lalanne

Réginald Lalanne

Dominique Lalanne
Fils

Marie Frantz Lalanne

Claire Lalanne

J-

Famille Saintanie Lalanne

Saintanie Lalanne
(Mère)

Edrick Polica
(Père)

Sandra Polica

Patrick Polica

François Polica Junior

Jean Calixte Polica

K-

Famille Andréa Lalanne

François Lalanne
(Père)

Andréa Lalanne
(Mère)

Jennie D. Lalanne

Norma Lalanne

L-

Famille Fernande Lalanne

? Thadal
(Père)

Fernande Lalanne
(Mère)

Stanley Lalanne *

182

M-

Famille Fernande Lalanne

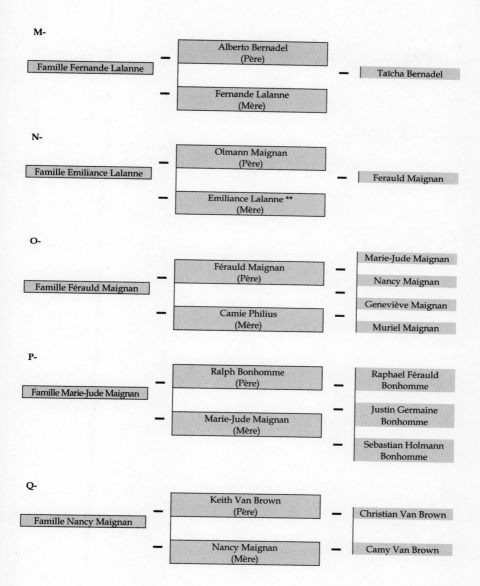

Alberto Bernadel
(Père)

Fernande Lalanne
(Mère)

Taïcha Bernadel

N-

Famille Emiliance Lalanne

Olmann Maignan
(Père)

Emiliance Lalanne **
(Mère)

Ferauld Maignan

O-

Famille Férauld Maignan

Férauld Maignan
(Père)

Camie Philius
(Mère)

Marie-Jude Maignan

Nancy Maignan

Geneviève Maignan

Muriel Maignan

P-

Famille Marie-Jude Maignan

Ralph Bonhomme
(Père)

Marie-Jude Maignan
(Mère)

Raphael Férauld
Bonhomme

Justin Germaine
Bonhomme

Sebastian Holmann
Bonhomme

Q-

Famille Nancy Maignan

Keith Van Brown
(Père)

Nancy Maignan
(Mère)

Christian Van Brown

Camy Van Brown

R-

| Famille Geneviève Maignan | — | Célibataire |

S-

| Famille Muriel Maignan | — | Arden Wilkins (Père) |
| | — | Muriel Maignan (Mère) |

T-

Famille Cléolian Lalanne	—	Cléolian Lalanne (Père)	—	Fanfan Lalanne Junior
			—	Clémène Lalanne
	—	Silvia Bernadel (Mère)	—	François Lalanne

U-

Famille Cléolian Lalanne	—	Cléolian Lalanne (Père)	—	Michelet Lalanne
				Joel Lalanne
				Anderson Lalanne
				Wison Lalanne
	—	Isabelle Fortuné (Mère)	—	Michelene Lalanne
			—	Farah Lalanne

V-

| Famille Fanfan Lalanne Junior | — | Célibataire |

184

W-

Famille Clémène Lalanne

Oscar Pierre
(Père)

Clémène Lalanne
(Mère)

Jean Arcène Pierre ***

X-

Famille François Lalanne

François Lalanne
(Père)

Andéa Lalanne
(Mère)

Jennie Lalanne

Norma Lalanne

Y-

Famille Anglade Lalanne

Anglade Lalanne
(Père)

Zilma Lalanne
(Mère)

Marie-Ange Lalanne

Edeline Lalanne

Monique Lalanne

Z-

Famille Auriol Lalanne

Pas d'enfant

AA-

Famille Louis Lalanne

Louis Lalanne
(Père)

Mélicia Guirand
(Mère)

Gustave Lalanne

Manita Lalanne

Mélina Lalanne

Odette Lalanne

Lionel Lalanne

185

BB-

Famille Gustave Lalanne

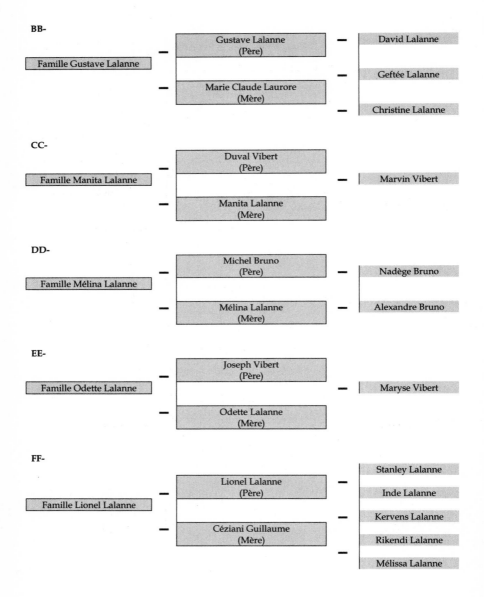

Gustave Lalanne
(Père)

David Lalanne

Geftée Lalanne

Marie Claude Laurore
(Mère)

Christine Lalanne

CC-

Famille Manita Lalanne

Duval Vibert
(Père)

Marvin Vibert

Manita Lalanne
(Mère)

DD-

Famille Mélina Lalanne

Michel Bruno
(Père)

Nadège Bruno

Mélina Lalanne
(Mère)

Alexandre Bruno

EE-

Famille Odette Lalanne

Joseph Vibert
(Père)

Maryse Vibert

Odette Lalanne
(Mère)

FF-

Famille Lionel Lalanne

Stanley Lalanne

Lionel Lalanne
(Père)

Inde Lalanne

Kervens Lalanne

Céziani Guillaume
(Mère)

Rikendi Lalanne

Mélissa Lalanne

GG-

Famille Pélissier Lalanne

— Pélissier Lalanne
(Père)

— Geneviève Vilsaint
(Mère)

— Gagnol Lalanne

Daudet Lalanne

— Serge Lalanne

Bernadette Lalanne

— Louis Vertus Lalanne

HH-

Famille Gagnol Lalanne

— Gagnol Lalanne
(Père)

— Mérita Bruno
(Mère)

— Jennifer Lalanne

— Nathanaël Lalanne

II-

Famille Daudet Lalanne

— Daudet Lalanne
(Père)

— Mona Pager
(Mère)

Sacha Lalanne

— Dorothée Lalanne

— Sardo Lalanne

JJ-

Famille Serge Lalanne

— Serge Lalanne
(Père)

— Célimène Hyppolite
(Mère)

— Geneviève Lalanne

KK-

Famille Bernadette Lalanne

— Gérard Jn-Philippe
(Père)

— Bernadette Lalanne
(Mère)

— Jn-Philippe Lindsey
Junior

187

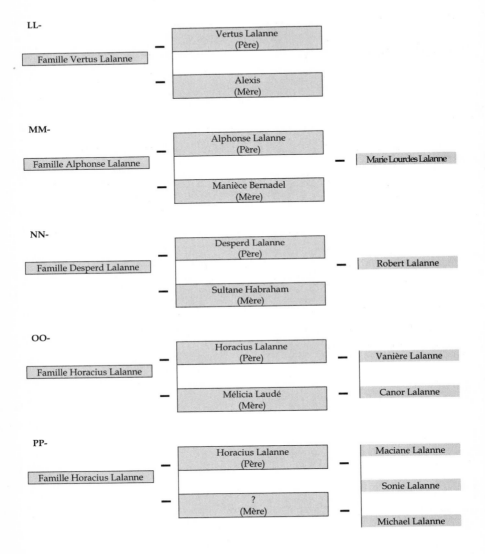

LL-

Famille Vertus Lalanne

- Vertus Lalanne (Père)
- Alexis (Mère)

MM-

Famille Alphonse Lalanne

- Alphonse Lalanne (Père)
- Manièce Bernadel (Mère)

- Marie Lourdes Lalanne

NN-

Famille Desperd Lalanne

- Desperd Lalanne (Père)
- Sultane Habraham (Mère)

- Robert Lalanne

OO-

Famille Horacius Lalanne

- Horacius Lalanne (Père)
- Mélicia Laudé (Mère)

- Vanière Lalanne
- Canor Lalanne

PP-

Famille Horacius Lalanne

- Horacius Lalanne (Père)
- ? (Mère)

- Maciane Lalanne
- Sonie Lalanne
- Michael Lalanne

QQ-

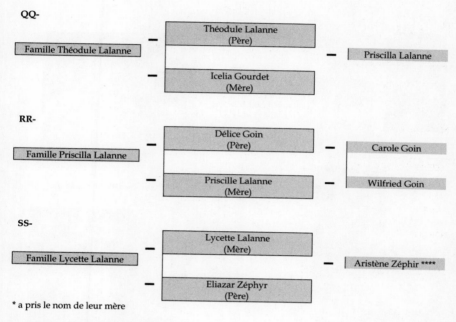

Famille Théodule Lalanne

Théodule Lalanne
(Père)

Icelia Gourdet
(Mère)

Priscilla Lalanne

RR-

Famille Priscilla Lalanne

Délice Goin
(Père)

Priscille Lalanne
(Mère)

Carole Goin

Wilfried Goin

SS-

Famille Lycette Lalanne

Lycette Lalanne
(Mère)

Eliazar Zéphyr
(Père)

Aristène Zéphir ****

* a pris le nom de leur mère

** Emiliance Lalanne est la mère de l'auteur.

*** Mort dans un tragique accident de voiture à Boston
**** Emmigré dans le Département de l'Artibonite

Hyppolite Lalanne

Mme Hyppolite
Lalanne & son fils
Aymond Lalanne

Cleolian Lalanne

Pelissier Lalanne

Aymond Lalanne

Fanfan Lalanne

M. & Mme Vaniere Lalanne

M. & Mme Anglade Lalanne

190

Mme Fanfan
Lalanne née
Saintanise
Maignan

Clémène Lalanne

Andréa Lalanne

Famille Laudé

A- Les cinq frères Laudé

B- Famille Tovil Laudé

C- Famille Ilara Laudé

D- Famille Lucienne Laudé

E- Famille Cléovil Laudé

F- Famille Anne Laudé

G- Famille Termovil Laudé

H- Famille Imane Laudé

I- Famille Clémène Laudé

J- Famille Féquières Laudé

K- Famille Eliné Laudé

L- Famille Rose Marie Laudé

M- Famille Fertile Laudé et Charmite Laudé

N- Famille Elias Laudé

O- Famille Elabre Laudé

P- Famille Brismard Laudé

Q- Famille Villon Laudé

R- Famille Exilon Laudé

S- Famille Nathan Laudé

T- Famille Gaëtan Laudé

U- Famille Henri Laudé

V- Famille Marie Laudé

W- Famille Wilner Laudé

X- Famille Fernand Laudé

Y- Famille Carida Laudé

Z- Famille Galien Laudé

AA-   Famille Enide Laudé
BB-   Famille Marie Yolène Laudé
CC-   Famille Berela Laudé

A-

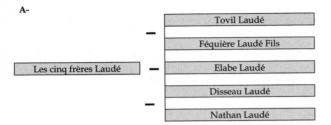

Les cinq frères Laudé	Tovil Laudé
	Féquière Laudé Fils
	Elabe Laudé
	Disseau Laudé
	Nathan Laudé

Il n'y a eu aucune information sur les parents des cinq frères Laudé qui sont à l'origine de cette famille à Fonds-des-Blancs. Cependant, il semble que, d'après les informations obtenues. Féquières était le nom de famille des Laudé qui ont décidé d'adopter, comme nom Laudé, non pas Féquières, quoique parmi les cinq frères, il y a un portant le prénom Féquières.

B-

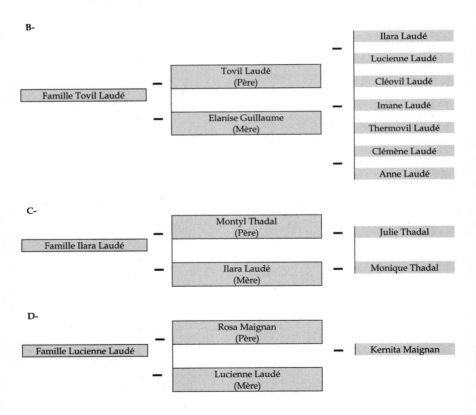

Famille Tovil Laudé

Tovil Laudé (Père)
Elanise Guillaume (Mère)

Ilara Laudé
Lucienne Laudé
Cléovil Laudé
Imane Laudé
Thermovil Laudé
Clémène Laudé
Anne Laudé

C-

Famille Ilara Laudé

Montyl Thadal (Père)
Ilara Laudé (Mère)

Julie Thadal
Monique Thadal

D-

Famille Lucienne Laudé

Rosa Maignan (Père)
Lucienne Laudé (Mère)

Kernita Maignan

E-

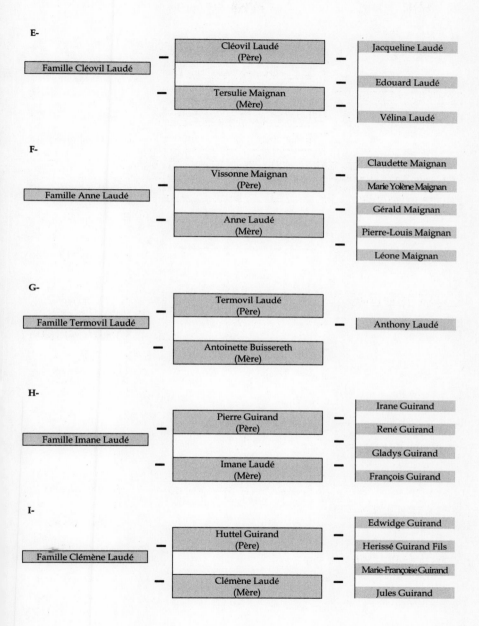

Famille Cléovil Laudé

Cléovil Laudé
(Père)

Tersulie Maignan
(Mère)

Jacqueline Laudé

Edouard Laudé

Vélina Laudé

F-

Famille Anne Laudé

Vissonne Maignan
(Père)

Anne Laudé
(Mère)

Claudette Maignan

Marie Yolène Maignan

Gérald Maignan

Pierre-Louis Maignan

Léone Maignan

G-

Famille Termovil Laudé

Termovil Laudé
(Père)

Antoinette Buissereth
(Mère)

Anthony Laudé

H-

Famille Imane Laudé

Pierre Guirand
(Père)

Imane Laudé
(Mère)

Irane Guirand

René Guirand

Gladys Guirand

François Guirand

I-

Famille Clémène Laudé

Huttel Guirand
(Père)

Clémène Laudé
(Mère)

Edwidge Guirand

Herissé Guirand Fils

Marie-Françoise Guirand

Jules Guirand

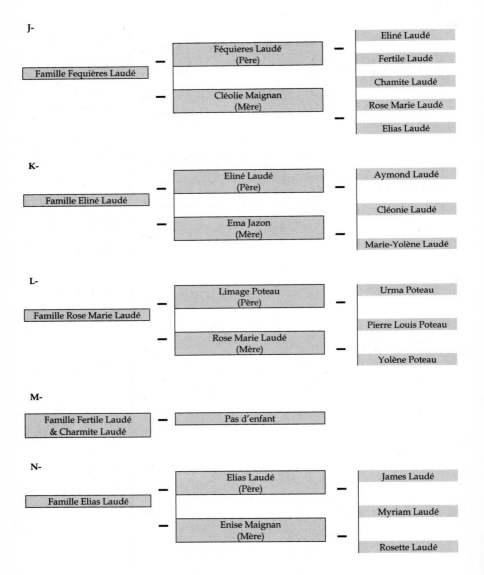

J-

Famille Fequières Laudé

Féquieres Laudé
(Père)

Cléolie Maignan
(Mère)

Eliné Laudé

Fertile Laudé

Chamite Laudé

Rose Marie Laudé

Elias Laudé

K-

Famille Eliné Laudé

Eliné Laudé
(Père)

Ema Jazon
(Mère)

Aymond Laudé

Cléonie Laudé

Marie-Yolène Laudé

L-

Famille Rose Marie Laudé

Limage Poteau
(Père)

Rose Marie Laudé
(Mère)

Urma Poteau

Pierre Louis Poteau

Yolène Poteau

M-

Famille Fertile Laudé
& Charmite Laudé

Pas d'enfant

N-

Famille Elias Laudé

Elias Laudé
(Père)

Enise Maignan
(Mère)

James Laudé

Myriam Laudé

Rosette Laudé

O-

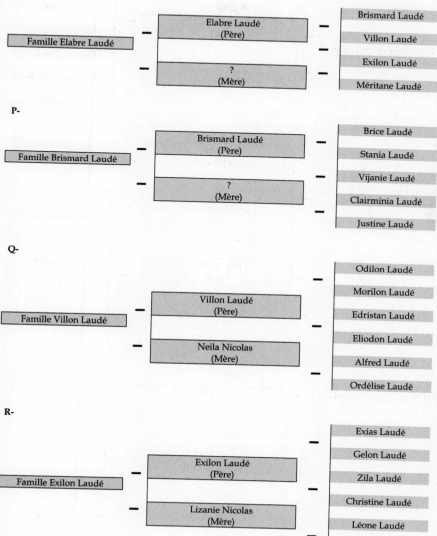

Famille Elabre Laudé

Elabre Laudé
(Père)

?
(Mère)

Brismard Laudé

Villon Laudé

Exilon Laudé

Méritane Laudé

P-

Famille Brismard Laudé

Brismard Laudé
(Père)

?
(Mère)

Brice Laudé

Stania Laudé

Vijanie Laudé

Clairminia Laudé

Justine Laudé

Q-

Famille Villon Laudé

Villon Laudé
(Père)

Neila Nicolas
(Mère)

Odilon Laudé

Morilon Laudé

Edristan Laudé

Eliodon Laudé

Alfred Laudé

Ordélise Laudé

R-

Famille Exilon Laudé

Exilon Laudé
(Père)

Lizanie Nicolas
(Mère)

Exias Laudé

Gelon Laudé

Zila Laudé

Christine Laudé

Léone Laudé

Lyciane Laudé

199

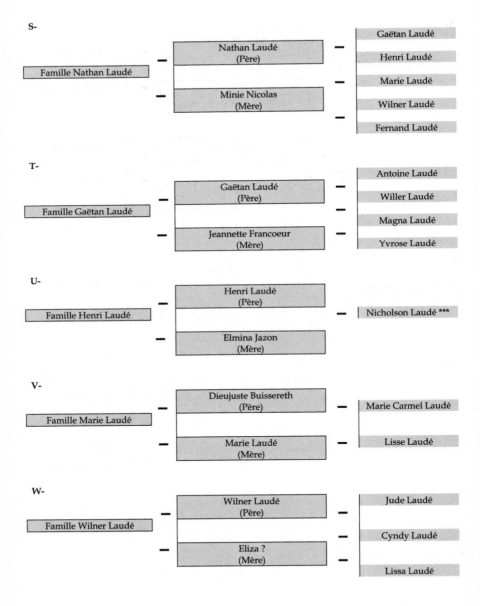

S-

Famille Nathan Laudé — Nathan Laudé (Père) — Gaëtan Laudé / Henri Laudé / Marie Laudé / Wilner Laudé / Fernand Laudé

Minie Nicolas (Mère)

T-

Famille Gaëtan Laudé — Gaëtan Laudé (Père) — Antoine Laudé / Willer Laudé / Magna Laudé / Yvrose Laudé

Jeannette Francoeur (Mère)

U-

Famille Henri Laudé — Henri Laudé (Père) — Nicholson Laudé ***

Elmina Jazon (Mère)

V-

Famille Marie Laudé — Dieujuste Buissereth (Père) — Marie Carmel Laudé / Lisse Laudé

Marie Laudé (Mère)

W-

Famille Wilner Laudé — Wilner Laudé (Père) — Jude Laudé / Cyndy Laudé / Lissa Laudé

Eliza ? (Mère)

200

X-

Famille Fernand Laudé

— | Fernand Laudé (Père) | — | Disso Laudé
— | ? (Mère) | — | Madénia Laudé

Y-

Famille Carida Laudé

— | Laban Riodain (Père) | — | Galien Laudé
— | Carida Laudé (Mère) | — | Beréla Laudé
| | | — | Un garçon émigré à Cuba

Z-

Famille Galien Laudé

— | Galien Laudé (Père) | — | Enide Laudé
— | Arméhie Guillaume (Mère) | — | Marie-Yolène Laudé

AA-

Famille Enide Laudé

— | Enide Laudé (Mère) | — | Edouard Coupet
| | | — | Jn-Robert Coupet
— | Ernst Coupet (Père) | — | Maryline Coupet
| | | — | Ronald Coupet
| | | — | Pompon Coupet

BB-

Famille Marie-Yolène Laudé

— | Witny Bigaud (Père) | — | Myriam Bigaud
— | Marie-Yolène Laudé (Mère) | — | Katheline Bigaud

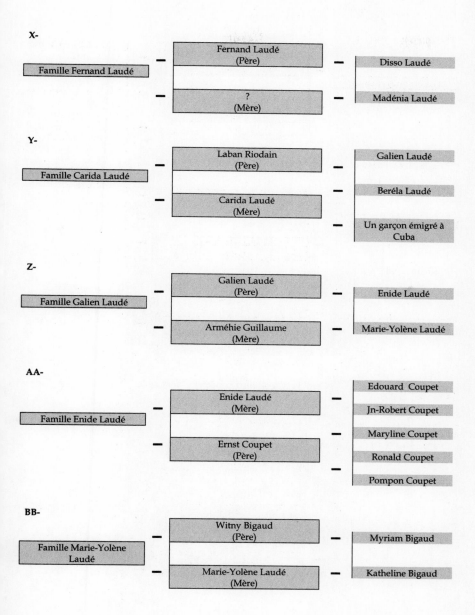

201

CC-

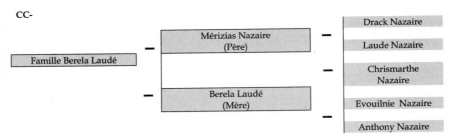

Famille Berela Laudé	—	Mérizias Nazaire (Père)	—	Drack Nazaire
				Laude Nazaire
			—	Chrismarthe Nazaire
	—	Berela Laudé (Mère)		Evouilnie Nazaire
			—	Anthony Nazaire

** décédé dans un tragique accident de camion sur la route de Fond-des-Blancs.

Clara Laudé

Carol Préval, Mélina Laudé et Clara Laudé

202

Famille Leclerc

A-   Frères de la famille Leclerc à Fond-des-Blancs
B-   Famille Lamartine Leclerc
C-   Famille Clara Leclerc
D-   Famille Cléone Leclerc/Nélio Leclerc
E-   Famille Navius Leclerc
F-   Famille Ludovic Leclerc
G-   Famille Ludovic Leclerc
H-   Famille Henri Leclerc
I-   Famille Navius Leclerc
J-   Famille Anita Leclerc
K-   Famille Rhéa Leclerc
L-   Famille Théolide Leclerc
M-   Famille Navius Leclerc

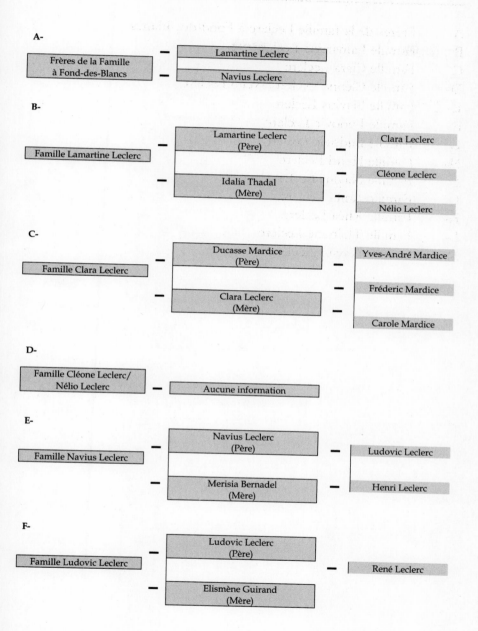

A-

| Frères de la Famille à Fond-des-Blancs | — | Lamartine Leclerc |
| | — | Navius Leclerc |

B-

Famille Lamartine Leclerc
— Lamartine Leclerc (Père)
— Idalia Thadal (Mère)
— Clara Leclerc
— Cléone Leclerc
— Nélio Leclerc

C-

Famille Clara Leclerc
— Ducasse Mardice (Père)
— Clara Leclerc (Mère)
— Yves-André Mardice
— Fréderic Mardice
— Carole Mardice

D-

Famille Cléone Leclerc/ Nélio Leclerc
— Aucune information

E-

Famille Navius Leclerc
— Navius Leclerc (Père)
— Merisia Bernadel (Mère)
— Ludovic Leclerc
— Henri Leclerc

F-

Famille Ludovic Leclerc
— Ludovic Leclerc (Père)
— Elismène Guirand (Mère)
— René Leclerc

205

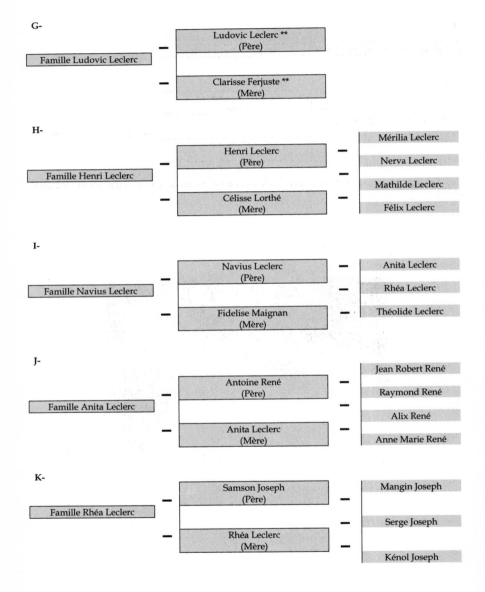

G-

Famille Ludovic Leclerc

Ludovic Leclerc **
(Père)

Clarisse Ferjuste **
(Mère)

H-

Famille Henri Leclerc

Henri Leclerc
(Père)

Célisse Lorthé
(Mère)

Mérilia Leclerc

Nerva Leclerc

Mathilde Leclerc

Félix Leclerc

I-

Famille Navius Leclerc

Navius Leclerc
(Père)

Fidelise Maignan
(Mère)

Anita Leclerc

Rhéa Leclerc

Théolide Leclerc

J-

Famille Anita Leclerc

Antoine René
(Père)

Anita Leclerc
(Mère)

Jean Robert René

Raymond René

Alix René

Anne Marie René

K-

Famille Rhéa Leclerc

Samson Joseph
(Père)

Rhéa Leclerc
(Mère)

Mangin Joseph

Serge Joseph

Kénol Joseph

206

L-

| Famille Théolide Leclerc | — | Célibataire – Pas d'enfant |

M-

| Famille Navius Leclerc | — | Navius Leclerc (Père) |
| | | Sonia Lafontant (Mère) | — | Erna Lafontant* |

* a pris le nom de la mère

** Pas d'enfant, mais, Clarisse Ferjuste a eu un enfant avant le mariage avec Octavien Buissereth, du nom de Edgard Ferjuste

Mademoiselle Théolide Leclerc

Famille Lorthé

A-   Famille Théodore Lorthé
B-   Famille Noralisse Lorthé
C-   Famille Francisque Lorthé
D-   Famille Gustave Lorthé
E-   Famille Fernand Lorthé
F-   Famille Alice Lorthé
G-   Famille Lisse Lorthé
H-   Famille Fédor Lorthé
I-   Famille Jean Lorthé
J-   Famille Onesse Lorthé
K-   Famille Onesse Lorthé
L-   Famille Célie Lorthé
M-   Famille Vernissia Lorthé
N-   Famille Ophane Lorthé
O-   Famille Ophane Lorthé

A-

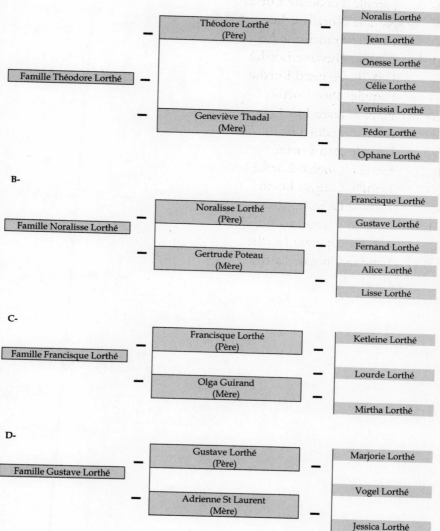

Famille Théodore Lorthé

Théodore Lorthé
(Père)

Geneviève Thadal
(Mère)

Noralis Lorthé

Jean Lorthé

Onesse Lorthé

Célie Lorthé

Vernissia Lorthé

Fédor Lorthé

Ophane Lorthé

B-

Famille Noralisse Lorthé

Noralisse Lorthé
(Père)

Gertrude Poteau
(Mère)

Francisque Lorthé

Gustave Lorthé

Fernand Lorthé

Alice Lorthé

Lisse Lorthé

C-

Famille Francisque Lorthé

Francisque Lorthé
(Père)

Olga Guirand
(Mère)

Ketleine Lorthé

Lourde Lorthé

Mirtha Lorthé

D-

Famille Gustave Lorthé

Gustave Lorthé
(Père)

Adrienne St Laurent
(Mère)

Marjorie Lorthé

Vogel Lorthé

Jessica Lorthé

E-

				François Lorthé
Famille Fernand Lorthé	—	Fernand Lorthé (Père)	—	Kerline Lorthé
			—	Patrick Lorthé
	—	Claire Laura (Mère)	—	Jn-Paul Lorthé
			—	Elizabeth Lorthé

F-

| Famille Alice Lorthé | — | ? (Père inconnu) | — | Fendi Lorthé |
| | — | Alice Lorthé (Mère) | — | Gagnel Lorthé |

G-

| Famille Lisse Lorthé | — | Lisse Lorthé (Père) | — | Bernadine Lorthé |
| | — | Mona Jean (Mère) | | |

H-

Famille Fédor Lorthé	—	Fédor Lorthé (Père)	—	Louis Lorthé
			—	Nélio Lorthé
	—	Elmida Guillaume (Mère)	—	Renande Lorthé

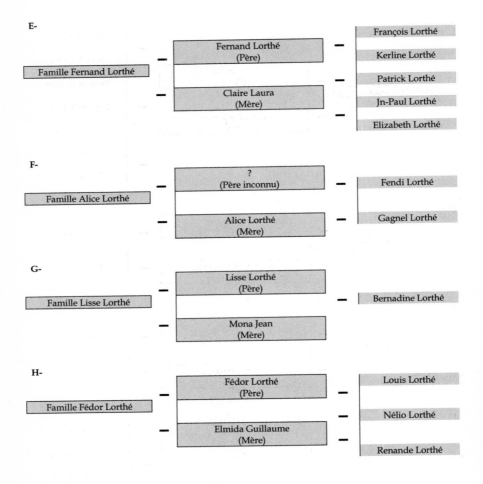

I-

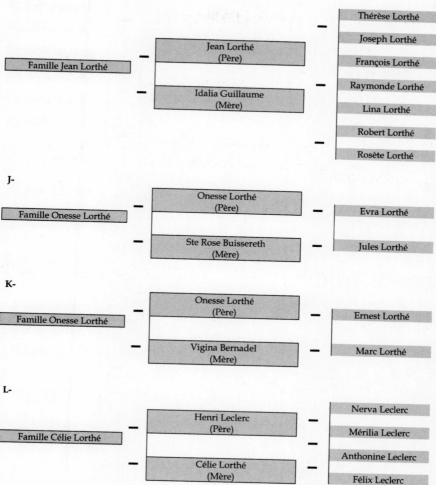

Famille Jean Lorthé	—	Jean Lorthé (Père)	—	Thérèse Lorthé
				Joseph Lorthé
				François Lorthé
	—	Idalia Guillaume (Mère)	—	Raymonde Lorthé
				Lina Lorthé
				Robert Lorthé
			—	Rosète Lorthé

J-

| Famille Onesse Lorthé | — | Onesse Lorthé (Père) | — | Evra Lorthé |
| | — | Ste Rose Buissereth (Mère) | — | Jules Lorthé |

K-

| Famille Onesse Lorthé | — | Onesse Lorthé (Père) | — | Ernest Lorthé |
| | — | Vigina Bernadel (Mère) | — | Marc Lorthé |

L-

Famille Célie Lorthé	—	Henri Leclerc (Père)	—	Nerva Leclerc
			—	Mérilia Leclerc
				Anthonine Leclerc
	—	Célie Lorthé (Mère)	—	Félix Leclerc

213

M-

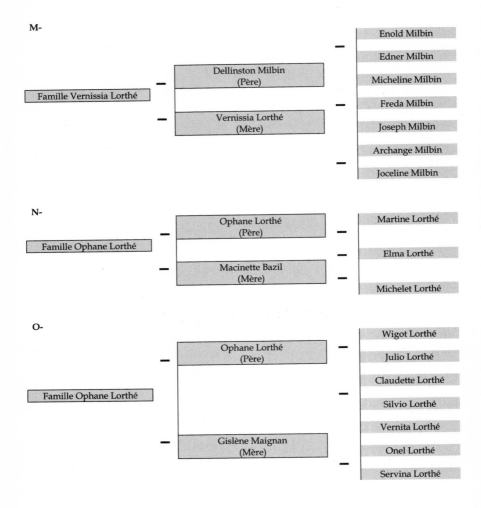

Famille Vernissia Lorthé

Dellinston Milbin
(Père)

Vernissia Lorthé
(Mère)

Enold Milbin

Edner Milbin

Micheline Milbin

Freda Milbin

Joseph Milbin

Archange Milbin

Joceline Milbin

N-

Famille Ophane Lorthé

Ophane Lorthé
(Père)

Macinette Bazil
(Mère)

Martine Lorthé

Elma Lorthé

Michelet Lorthé

O-

Famille Ophane Lorthé

Ophane Lorthé
(Père)

Gislène Maignan
(Mère)

Wigot Lorthé

Julio Lorthé

Claudette Lorthé

Silvio Lorthé

Vernita Lorthé

Onel Lorthé

Servina Lorthé

Famille Maignan

A-   Famille Mahot Maignan
B-   Famille Léoda Maignan
C-   Autres frères de Léoda Maignan
D-   Famille Fabien Maignan
E-   Famille Sildanie Maignan
F-   Famille Idalie Maignan
G-   Famille Rosedanie Maignan
H-   Famille Saintanie Maignan
I-   Famille Dassédanie Maignan
J-   Famille Nadahot Maignan
K-   Famille Danol Maignan
L-   Famille Oramil Maignan
M-   Famille Dabelmise Maignan
N-   Famille Dabelmise Maignan
O-   Famille Yvonne Hibbert
P-   Famille Clarisse Hibbert
Q-   Famille Thommy Hibbert
R-   Famille Abdée Khalil
S-   Famille Hermine Maignan
T-   Famille Hermine Maignan
U-   Famille Alexandre Maignan
V-   Famille Alexandre Maignan
W-   Famille Dantès Maignan
X-   Famille Vincent Maignan
Y-   Famille Ursule Maignan
Z-   Famille Moza Maignan
AA-   Famille Moza Maignan
BB-   Famille Fidelise Maignan
CC-   Famille Jean Maignan
DD-   Famille Olmann Maignan
EE-   Famille Férauld Maignan
FF-   Famille Marie-Jude Maignan
GG-   Famille Nancy Maignan

HH-   Famille Geneviève Maignan
II-   Famille Muriel Maignan
JJ-   Famille Hélène Maignan
KK-   Autres frères et sœurs de Alexandre Maignan
LL-   Famille Tirosa Maignan
MM-   Famille Belonne Maignan
NN-   Famille Auguste Maignan
OO-   Famille Gerda Maignan
PP-   Famille Rosalva Maignan
QQ-   Famille Osa Maignan
RR-   Famille Gilbert Maignan
SS-   Famille Carmel Maignan
TT-   Famille Osa Maignan
UU-   Famille Rosa Maignan
VV-   Famille Céline Maignan
WW-   Famille Udovie Maignan
XX-   Famille Monice Maignan et Calixtène Maignan
YY-   Famille Sarah Maignan
ZZ-   Famille Sarah Maignan
AAA- Famille Idalie Maignan
BBB- Famille Archibald Maignan
CCC- Autres membres de la famille Maignan
DDD- Famille Blémur Maignan
EEE- Famille Bléma Maignan
FFF- Famille Anne Maignan
GGG- Famille Levoisier Maignan
HHH- Famille Lidia Maignan
III-   Famille Irta Moïse
JJJ-   Famille Anthony Moïse
KKK- Famille Antony Moïse
LLL- Famille Marie Ketty Moïse

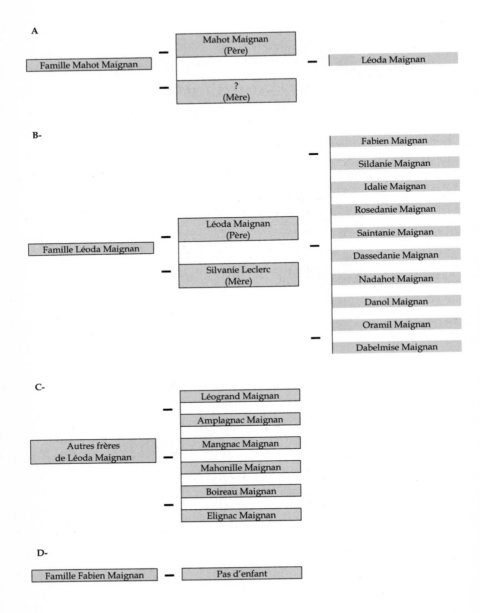

A

Famille Mahot Maignan — Mahot Maignan (Père) — Léoda Maignan
— ? (Mère)

B-

Famille Léoda Maignan — Léoda Maignan (Père) / Silvanie Leclerc (Mère) —
- Fabien Maignan
- Sildanie Maignan
- Idalie Maignan
- Rosedanie Maignan
- Saintanie Maignan
- Dassedanie Maignan
- Nadahot Maignan
- Danol Maignan
- Oramil Maignan
- Dabelmise Maignan

C-

Autres frères de Léoda Maignan —
- Léogrand Maignan
- Amplagnac Maignan
- Mangnac Maignan
- Mahonille Maignan
- Boireau Maignan
- Elignac Maignan

D-

Famille Fabien Maignan — Pas d'enfant

218

E-

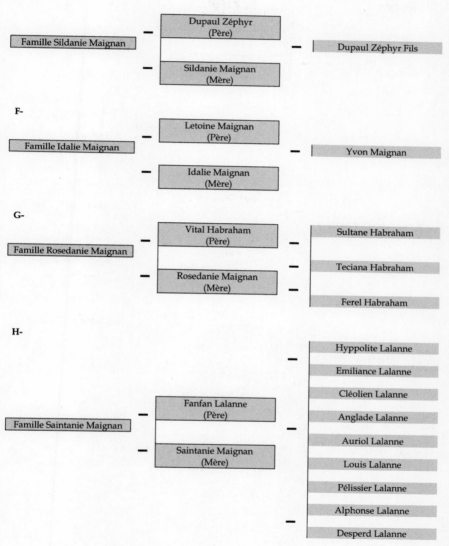

Famille Sildanie Maignan

Dupaul Zéphyr
(Père)

Sildanie Maignan
(Mère)

Dupaul Zéphyr Fils

F-

Famille Idalie Maignan

Letoine Maignan
(Père)

Idalie Maignan
(Mère)

Yvon Maignan

G-

Famille Rosedanie Maignan

Vital Habraham
(Père)

Rosedanie Maignan
(Mère)

Sultane Habraham

Teciana Habraham

Ferel Habraham

H-

Famille Saintanie Maignan

Fanfan Lalanne
(Père)

Saintanie Maignan
(Mère)

Hyppolite Lalanne

Emiliance Lalanne

Cléolien Lalanne

Anglade Lalanne

Auriol Lalanne

Louis Lalanne

Pélissier Lalanne

Alphonse Lalanne

Desperd Lalanne

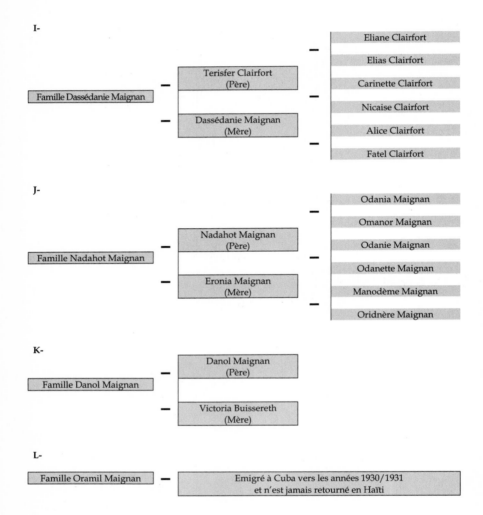

I-

Famille Dassédanie Maignan

Terisfer Clairfort
(Père)

Dassédanie Maignan
(Mère)

Eliane Clairfort

Elias Clairfort

Carinette Clairfort

Nicaise Clairfort

Alice Clairfort

Fatel Clairfort

J-

Famille Nadahot Maignan

Nadahot Maignan
(Père)

Eronia Maignan
(Mère)

Odania Maignan

Omanor Maignan

Odanie Maignan

Odanette Maignan

Manodème Maignan

Oridnère Maignan

K-

Famille Danol Maignan

Danol Maignan
(Père)

Victoria Buissereth
(Mère)

L-

Famille Oramil Maignan

Emigré à Cuba vers les années 1930/1931
et n'est jamais retourné en Haïti

220

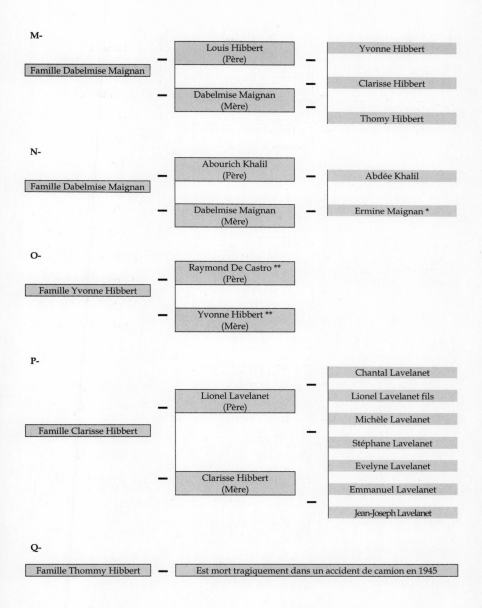

M-

Famille Dabelmise Maignan

Louis Hibbert (Père)

Dabelmise Maignan (Mère)

Yvonne Hibbert

Clarisse Hibbert

Thomy Hibbert

N-

Famille Dabelmise Maignan

Abourich Khalil (Père)

Dabelmise Maignan (Mère)

Abdée Khalil

Ermine Maignan *

O-

Famille Yvonne Hibbert

Raymond De Castro ** (Père)

Yvonne Hibbert ** (Mère)

P-

Famille Clarisse Hibbert

Lionel Lavelanet (Père)

Clarisse Hibbert (Mère)

Chantal Lavelanet

Lionel Lavelanet fils

Michèle Lavelanet

Stéphane Lavelanet

Evelyne Lavelanet

Emmanuel Lavelanet

Jean-Joseph Lavelanet

Q-

Famille Thommy Hibbert — Est mort tragiquement dans un accident de camion en 1945

221

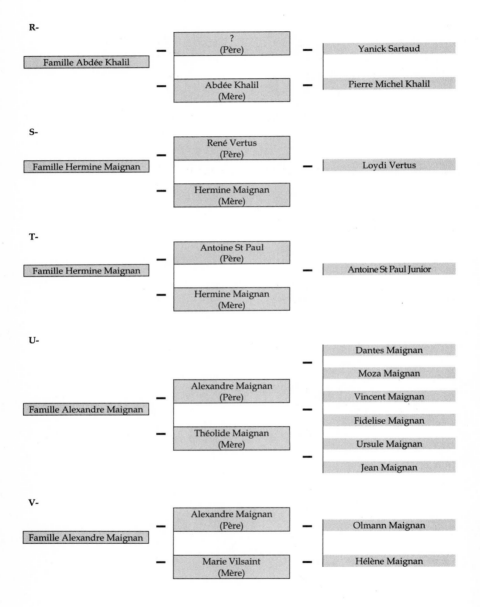

R-

Famille Abdée Khalil

- ? (Père)
  - Yanick Sartaud
- Abdée Khalil (Mère)
  - Pierre Michel Khalil

S-

Famille Hermine Maignan

- René Vertus (Père)
- Hermine Maignan (Mère)
  - Loydi Vertus

T-

Famille Hermine Maignan

- Antoine St Paul (Père)
- Hermine Maignan (Mère)
  - Antoine St Paul Junior

U-

Famille Alexandre Maignan

- Alexandre Maignan (Père)
- Théolide Maignan (Mère)
  - Dantes Maignan
  - Moza Maignan
  - Vincent Maignan
  - Fidelise Maignan
  - Ursule Maignan
  - Jean Maignan

V-

Famille Alexandre Maignan

- Alexandre Maignan (Père)
- Marie Vilsaint (Mère)
  - Olmann Maignan
  - Hélène Maignan

W-

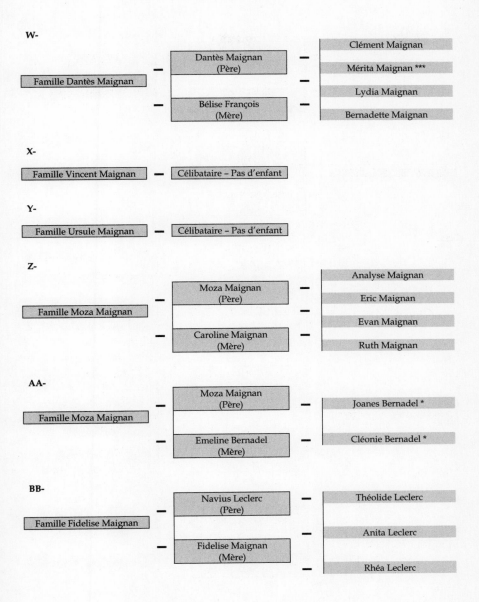

	Dantès Maignan (Père)		Clément Maignan
Famille Dantès Maignan			Mérita Maignan ***
			Lydia Maignan
	Bélise François (Mère)		Bernadette Maignan

X-

Famille Vincent Maignan	—	Célibataire – Pas d'enfant

Y-

Famille Ursule Maignan	—	Célibataire – Pas d'enfant

Z-

	Moza Maignan (Père)		Analyse Maignan
Famille Moza Maignan			Eric Maignan
			Evan Maignan
	Caroline Maignan (Mère)		Ruth Maignan

AA-

	Moza Maignan (Père)		Joanes Bernadel *
Famille Moza Maignan			Cléonie Bernadel *
	Emeline Bernadel (Mère)		

BB-

	Navius Leclerc (Père)		Théolide Leclerc
Famille Fidelise Maignan			Anita Leclerc
	Fidelise Maignan (Mère)		Rhéa Leclerc

223

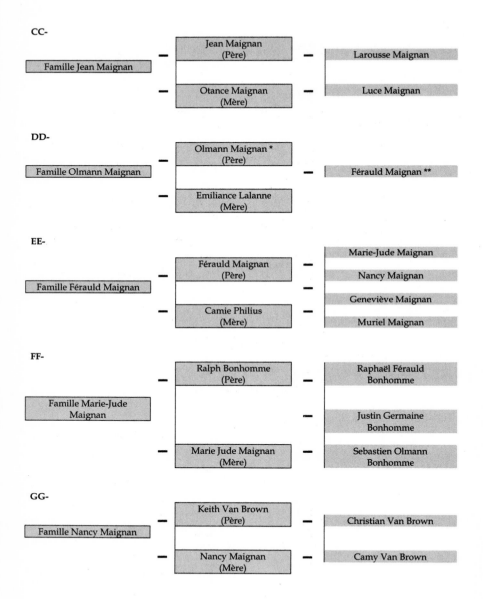

CC-

Famille Jean Maignan

Jean Maignan
(Père)
— Larousse Maignan

Otance Maignan
(Mère)
— Luce Maignan

DD-

Famille Olmann Maignan

Olmann Maignan *
(Père)

Emiliance Lalanne
(Mère)

— Férauld Maignan **

EE-

Famille Férauld Maignan

Férauld Maignan
(Père)

Marie-Jude Maignan

Nancy Maignan

Camie Philius
(Mère)

Geneviève Maignan

Muriel Maignan

FF-

Famille Marie-Jude
Maignan

Ralph Bonhomme
(Père)
— Raphaël Férauld
Bonhomme

— Justin Germaine
Bonhomme

Marie Jude Maignan
(Mère)
— Sebastien Olmann
Bonhomme

GG-

Famille Nancy Maignan

Keith Van Brown
(Père)
— Christian Van Brown

Nancy Maignan
(Mère)
— Camy Van Brown

224

HH-

Famille Geneviève Maignan	—	Célibataire

II-

Famille Muriel Maignan	—	Arden Wilkin (Père)	—	Gabriel Wilkin
	—	Muriel Maignan (Mère)	—	Noah Wilkin

JJ-

Famille Hélène Maignan	—	Hermane Guillaume (Père)	—	France Guillaume
				Frank Guillaume
			—	Renaud Guillaume
	—	Hélène Maignan (Mère)	—	Sony Guillaume

KK-

Autres frères et soeurs ce Alexandre Maignan	—	Tirosa Maignan
		Sarah Maignan
	—	Idalie Maignan
		Archibal Maignan

LL-

Famille Tirosa Maignan	—	Tirosa Maignan (Père)	—	Otance Maignan *****
				Céline Maignan
				Belonne Maignan
			—	Monice Maignan
	—	Carmélia Poteau (Mère)		Osa Maignan
				Calixtène Maignan
			—	Udovie Maignan

225

MM-

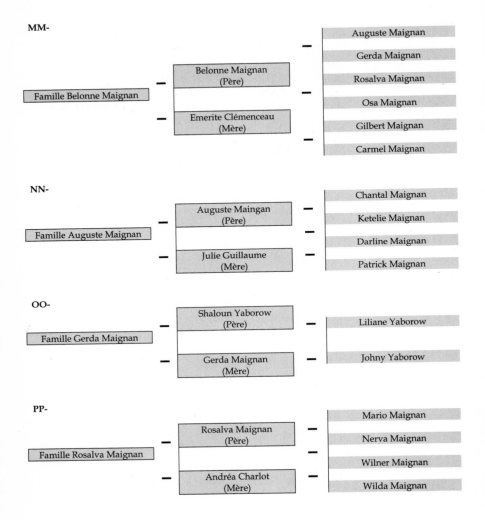

Famille Belonne Maignan

Belonne Maignan
(Père)

Emerite Clémenceau
(Mère)

Auguste Maignan

Gerda Maignan

Rosalva Maignan

Osa Maignan

Gilbert Maignan

Carmel Maignan

NN-

Famille Auguste Maignan

Auguste Maingan
(Père)

Julie Guillaume
(Mère)

Chantal Maignan

Ketelie Maignan

Darline Maignan

Patrick Maignan

OO-

Famille Gerda Maignan

Shaloun Yaborow
(Père)

Gerda Maignan
(Mère)

Liliane Yaborow

Johny Yaborow

PP-

Famille Rosalva Maignan

Rosalva Maignan
(Père)

Andréa Charlot
(Mère)

Mario Maignan

Nerva Maignan

Wilner Maignan

Wilda Maignan

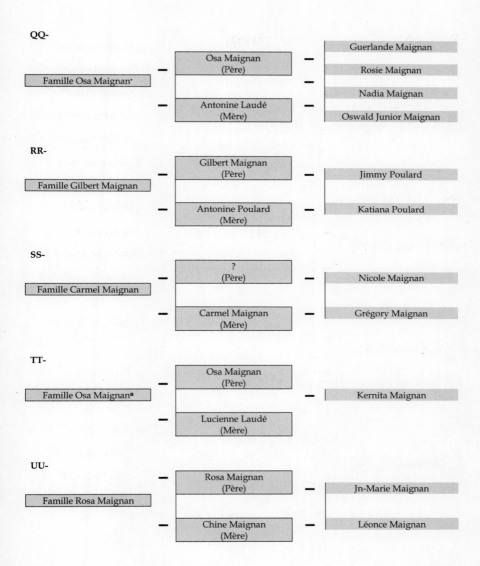

QQ-

Famille Osa Maignan˙

Osa Maignan
(Père)

Antonine Laudé
(Mère)

Guerlande Maignan

Rosie Maignan

Nadia Maignan

Oswald Junior Maignan

RR-

Famille Gilbert Maignan

Gilbert Maignan
(Père)

Antonine Poulard
(Mère)

Jimmy Poulard

Katiana Poulard

SS-

Famille Carmel Maignan

?
(Père)

Carmel Maignan
(Mère)

Nicole Maignan

Grégory Maignan

TT-

Famille Osa Maignan▫

Osa Maignan
(Père)

Lucienne Laudé
(Mère)

Kernita Maignan

UU-

Famille Rosa Maignan

Rosa Maignan
(Père)

Chine Maignan
(Mère)

Jn-Marie Maignan

Léonce Maignan

227

VV-

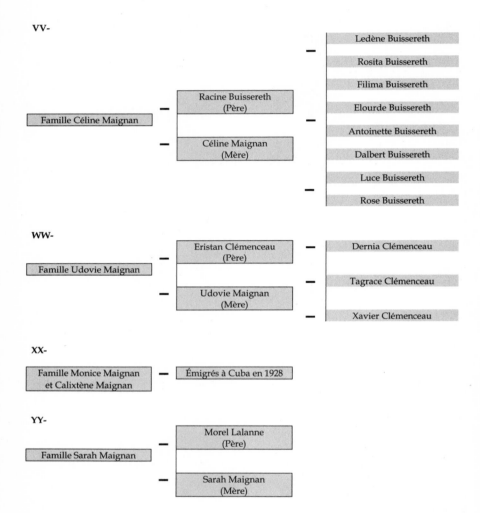

WW-

XX-

YY-

Famille Céline Maignan — Racine Buissereth (Père) / Céline Maignan (Mère) — Ledène Buissereth / Rosita Buissereth / Filima Buissereth / Elourde Buissereth / Antoinette Buissereth / Dalbert Buissereth / Luce Buissereth / Rose Buissereth

Famille Udovie Maignan — Eristan Clémenceau (Père) / Udovie Maignan (Mère) — Dernia Clémenceau / Tagrace Clémenceau / Xavier Clémenceau

Famille Monice Maignan et Calixtène Maignan — Émigrés à Cuba en 1928

Famille Sarah Maignan — Morel Lalanne (Père) / Sarah Maignan (Mère)

228

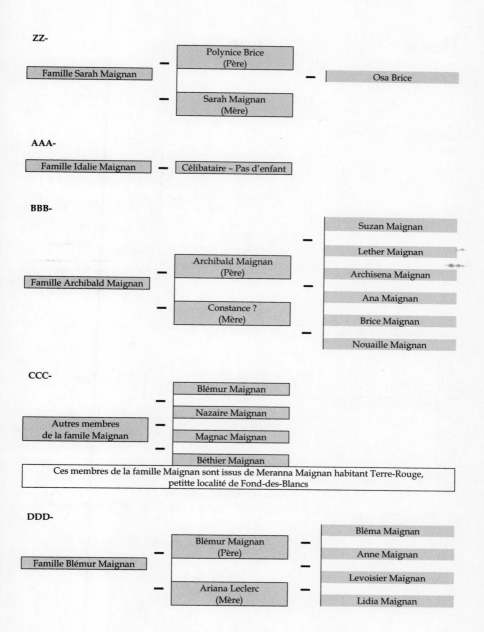

ZZ-

Famille Sarah Maignan — Polynice Brice (Père) / Sarah Maignan (Mère) — Osa Brice

AAA-

Famille Idalie Maignan — Célibataire – Pas d'enfant

BBB-

Famille Archibald Maignan — Archibald Maignan (Père) / Constance ? (Mère) — Suzan Maignan / Lether Maignan / Archisena Maignan / Ana Maignan / Brice Maignan / Nouaille Maignan

CCC-

Autres membres de la famile Maignan — Blémur Maignan / Nazaire Maignan / Magnac Maignan / Béthier Maignan

Ces membres de la famille Maignan sont issus de Meranna Maignan habitant Terre-Rouge, petitte localité de Fond-des-Blancs

DDD-

Famille Blémur Maignan — Blémur Maignan (Père) / Ariana Leclerc (Mère) — Bléma Maignan / Anne Maignan / Levoisier Maignan / Lidia Maignan

229

EEE-

Famille Bléma Maignan

- Bléma Maignan (Père)
  - Enrique Maignan
- ? (Mère)
  - Richard Maignan

FFF-

Famille Anne Maignan

- Evane Franck (Père)
- Anne Maignan (Mère)
  - Lyce Frank
  - Blémur Maignan Fils *
  - Marc Franck
  - Esthé Franck
  - Rosana Franck
  - Georges Maignan *

GGG-

Famille Levoisiser Maignan — Pas d'enfant

HHH-

Famille Lidia Maignan

- Cedois Moïse (Père)
- Lidia Maignan (Mère)
  - Irta Moïse
  - Anthony Moïse
  - Marie Ketty Moïse

III-

Famille Irta Moïse

- Francis Démétrius (Père)
- Irta Moïse (Mère)
  - Franki Démétrius
  - Kaven Démétrius

230

JJJ-

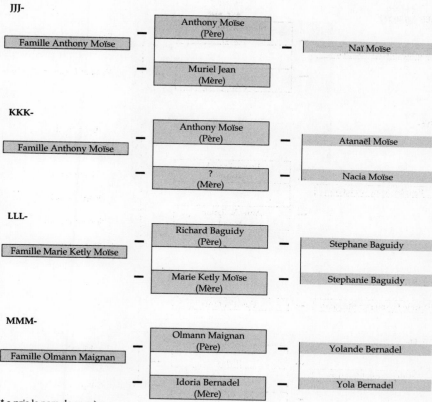

Famille Anthony Moïse	

Anthony Moïse (Père)

Muriel Jean (Mère)

Naï Moïse

KKK-

Famille Anthony Moïse

Anthony Moïse (Père)

? (Mère)

Atanaël Moïse

Nacia Moïse

LLL-

Famille Marie Ketly Moïse

Richard Baguidy (Père)

Marie Ketly Moïse (Mère)

Stephane Baguidy

Stephanie Baguidy

MMM-

Famille Olmann Maignan

Olmann Maignan (Père)

Idoria Bernadel (Mère)

Yolande Bernadel

Yola Bernadel

* a pris le nom de sa mère

** Les deux sont mort tragiquement dans un accident de voiture en 2001 sur la route de Kenscoff (Haiti).

*** Mérita Maignan était religieuse de la Congrégation des Sœurs de la Sagesse. Elle s'appelait Sœur Yves de l'Eucharistie. Elle est morte en 2004.

**** Olmann Maignan est père de l'Auteur. Il est mort à 101 ans, le 30 Mai 2006.

***** à ne pas confondre avec OTANCE MAIGNAN, épouse de Jean Maignan

· à ne pas confondre avec OSA MAIGNAN, fils de Tirosa Maignan

◘ Fils de Tirosa Maignan

231

Visome
Maignan

Mme Dantès Maignan & sa fille « Soeur Yves de l'Eucharistie »

Olman Maignan
& son neveu Yves Bernadel

Olman Maigan & sa niece « Soeur Yves
de L'Eucharistie »

Monsieur & Madame Olman Maignan

Olman Maignan (100 ans),
sa belle fille Camie Maignan
& son arrière petit-fils
Sébastien Bonhomme

Olman Maignan
(100 ans) & son fils
Agronome Férauld
Maignan

234

Alexandre Maignan

Famille Mascary

A-   Famille Mascary
B-   Famille Petit-Toit Mascary
C-   Famille Saint-Né Mascary
D-   Famille Dormétile Mascary
E-   Famille Dessilie Mascary
F-   Famille Anassa Mascary
G-   Famille Cinada Mascary
H-   Famille Flora Mascary
I-   Famille Cloraine Mascary
J-   Famille Cécile Mascary
K-   Famille Elionie Mascary
L-   Famille Cléonie Mascary
M-   Famille Pacôme Mascary
N-   Famille Anna Mascary
O-   Famille Michael Mascary
P-   Famille Michael Mascary
Q-   Famille Jn-Mary Mascary
R-   Famille Mariette Mascary
S-   Famille Michelet Mascary
T-   Famille Michael Mascary Junior
U-   Famille Wilcé Mascary
V-   Famille Jasmine Mascary
W-   Famille Pierre Paul Mascary
X-   Famille Pierre Paul Mascary
Y-   Famille Semeda Mascary
Z-   Famille Leneille Mascary

AA-   Famille Lhériston Mascary
BB-   Famille Michel Mascary
CC-   Famille Elismène Mascary
DD-   Famille Elismène Mascary
EE-   Famille Léane Mascary
FF-   Famille Léane Mascary
GG-   Famille Rédia Mascary
HH-   Famille Anne Mascary
II-   Famille Anne Mascary

A-

Famille Mascary — ? Mascary (Père) — Petit-Toit Mascary

Alvincy Mascary

Mahautière Buissereth (Mère) — Saint Olinipe Mascary

Dormétile Mascary

Théotice Mascary

B-

Famille Petit-Toit Mascary — Petit-Toit Mascary (Père) — Saint Né Mascary

? (Mère) — Pyris Mascary

C-

Famille Saint-Né Mascary — Saint-Né Mascary (Père) — Dutel Mascary

Guilier Mascary

? (Mère) — Dutelia Mascary

Saint Olimpe Mascary

D-

Famille Dormétile Mascary — Dormétile Mascary (Père) — Dessilie Mascary

Anassa Mascary

? (Mère) — Ginada Mascary

Flora Mascary

Cloraine Mascary

E-

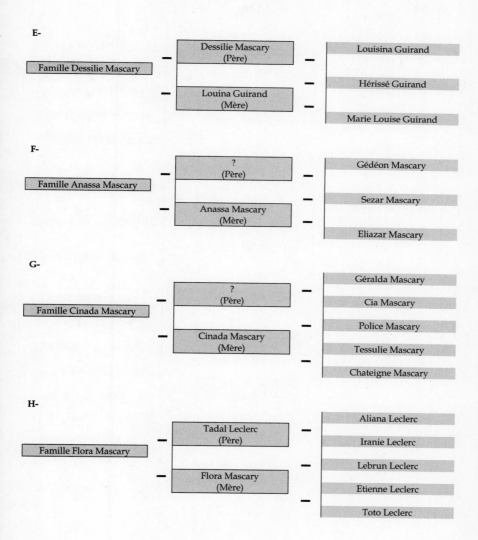

Famille Dessilie Mascary

Dessilie Mascary
(Père)

Louina Guirand
(Mère)

Louisina Guirand

Hérissé Guirand

Marie Louise Guirand

F-

Famille Anassa Mascary

?
(Père)

Anassa Mascary
(Mère)

Gédéon Mascary

Sezar Mascary

Eliazar Mascary

G-

Famille Cinada Mascary

?
(Père)

Cinada Mascary
(Mère)

Géralda Mascary

Cia Mascary

Police Mascary

Tessulie Mascary

Chateigne Mascary

H-

Famille Flora Mascary

Tadal Leclerc
(Père)

Flora Mascary
(Mère)

Aliana Leclerc

Iranie Leclerc

Lebrun Leclerc

Etienne Leclerc

Toto Leclerc

I-

Famille Cloraine Mascary

? (Père)
- Cécile Mascary
- Elionie Mascary

Cloraine Mascary (Mère)
- Cléonie Mascary
- Levy Mascary
- Amante Mascary

J-

Famille Cécile Mascary

Antonius Lafontant (Père)
- Marc Aurel Lafontant

Cécile Mascary (Mère)
- Vergniaud Lafontant
- Christiane Lafontant

K

Famille Elionie Mascary

Marius Lafontant (Père)
- Esther Lafontant
- Emerita Lafontant
- Andrée Lafontant

Elionie Mascary (Mère)
- Laurette Lafontant
- Claire Lafontant
- Martha Lafontant

L-

Famille Cléonie Mascary

Auguste Gachelin (Père)

Cléonie Mascary (Mère)
- Célia Gachelin

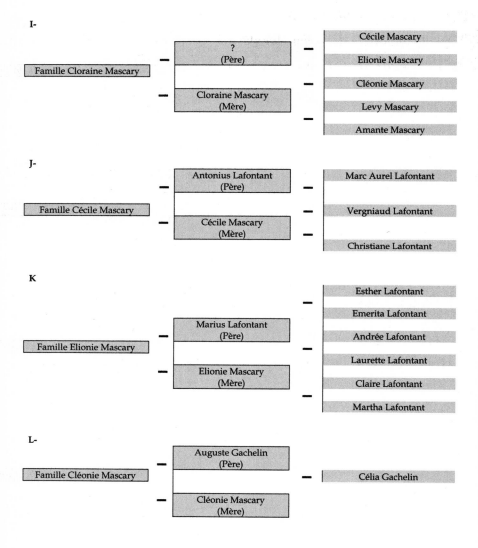

242

M-

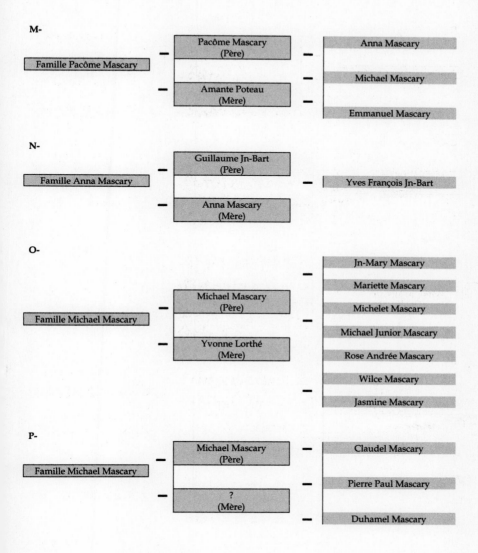

Famille Pacôme Mascary

Pacôme Mascary (Père)
Amante Poteau (Mère)

Anna Mascary
Michael Mascary
Emmanuel Mascary

N-

Famille Anna Mascary

Guillaume Jn-Bart (Père)
Anna Mascary (Mère)

Yves François Jn-Bart

O-

Famille Michael Mascary

Michael Mascary (Père)
Yvonne Lorthé (Mère)

Jn-Mary Mascary
Mariette Mascary
Michelet Mascary
Michael Junior Mascary
Rose Andrée Mascary
Wilce Mascary
Jasmine Mascary

P-

Famille Michael Mascary

Michael Mascary (Père)
? (Mère)

Claudel Mascary
Pierre Paul Mascary
Duhamel Mascary

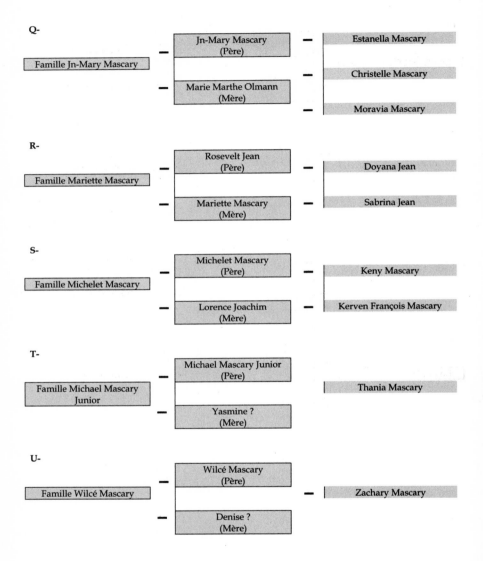

Q-

Famille Jn-Mary Mascary

Jn-Mary Mascary
(Père)

Marie Marthe Olmann
(Mère)

Estanella Mascary

Christelle Mascary

Moravia Mascary

R-

Famille Mariette Mascary

Rosevelt Jean
(Père)

Mariette Mascary
(Mère)

Doyana Jean

Sabrina Jean

S-

Famille Michelet Mascary

Michelet Mascary
(Père)

Lorence Joachim
(Mère)

Keny Mascary

Kerven François Mascary

T-

**Famille Michael Mascary
Junior**

Michael Mascary Junior
(Père)

Yasmine ?
(Mère)

Thania Mascary

U-

Famille Wilcé Mascary

Wilcé Mascary
(Père)

Denise ?
(Mère)

Zachary Mascary

244

V-

Famille Jasmine Mascary

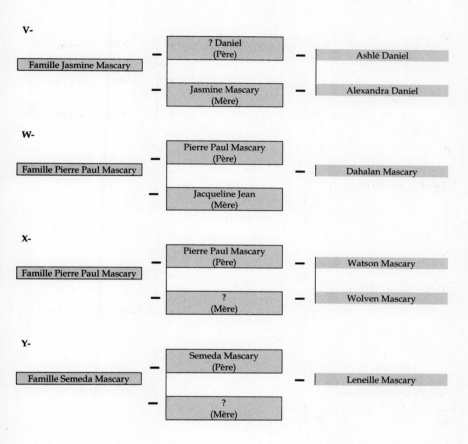

? Daniel
(Père)

Ashlé Daniel

Jasmine Mascary
(Mère)

Alexandra Daniel

W-

Famille Pierre Paul Mascary

Pierre Paul Mascary
(Père)

Dahalan Mascary

Jacqueline Jean
(Mère)

X-

Famille Pierre Paul Mascary

Pierre Paul Mascary
(Père)

Watson Mascary

?
(Mère)

Wolven Mascary

Y-

Famille Semeda Mascary

Semeda Mascary
(Père)

Leneille Mascary

?
(Mère)

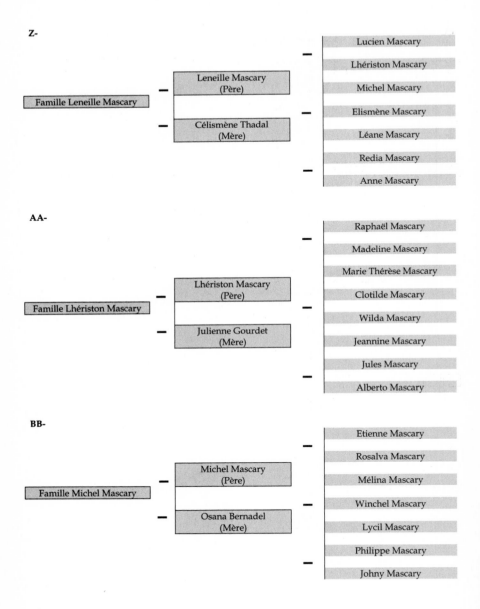

Z-

Famille Leneille Mascary

Leneille Mascary (Père)
- Lucien Mascary
- Lhériston Mascary
- Michel Mascary

Célismène Thadal (Mère)
- Elismène Mascary
- Léane Mascary
- Redia Mascary
- Anne Mascary

AA-

Famille Lhériston Mascary

Lhériston Mascary (Père)
- Raphaël Mascary
- Madeline Mascary
- Marie Thérèse Mascary
- Clotilde Mascary

Julienne Gourdet (Mère)
- Wilda Mascary
- Jeannine Mascary
- Jules Mascary
- Alberto Mascary

BB-

Famille Michel Mascary

Michel Mascary (Père)
- Etienne Mascary
- Rosalva Mascary
- Mélina Mascary
- Winchel Mascary

Osana Bernadel (Mère)
- Lycil Mascary
- Philippe Mascary
- Johny Mascary

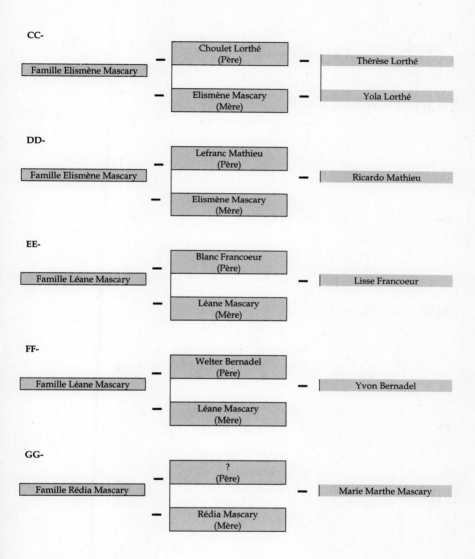

CC-

Famille Elismène Mascary

Choulet Lorthé
(Père)

Thérèse Lorthé

Elismène Mascary
(Mère)

Yola Lorthé

DD-

Famille Elismène Mascary

Lefranc Mathieu
(Père)

Ricardo Mathieu

Elismène Mascary
(Mère)

EE-

Famille Léane Mascary

Blanc Francoeur
(Père)

Lisse Francoeur

Léane Mascary
(Mère)

FF-

Famille Léane Mascary

Welter Bernadel
(Père)

Yvon Bernadel

Léane Mascary
(Mère)

GG-

Famille Rédia Mascary

?
(Père)

Marie Marthe Mascary

Rédia Mascary
(Mère)

HH-

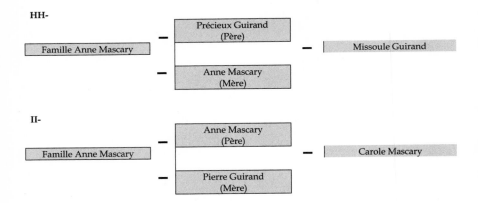

II-

Famille Anne Mascary	Anne Mascary (Père)	Carole Mascary
	Pierre Guirand (Mère)	

Famille Peltreau

A-   Famille Louis Verger Peltreau
B-   Famille Louis Verger Peltreau Fils
C-   Famille Victorin Peltreau
D-   Famille Clergelia Peltreau
E-   Famille Anosta Peltreau
F-   Famille Brunescia Peltreau
G-   Famille Angélique Peltreau
H-   Famille Larrier Peltreau
I-   Famille Bertha Peltreau
J-   Famille Devis Peltreau

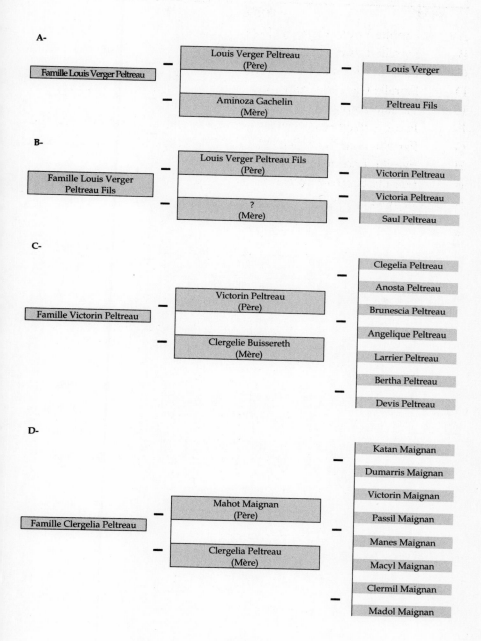

A-

Famille Louis Verger Peltreau — Louis Verger Peltreau (Père) — Louis Verger

Aminoza Gachelin (Mère) — Peltreau Fils

B-

Famille Louis Verger Peltreau Fils — Louis Verger Peltreau Fils (Père) — Victorin Peltreau

? (Mère) — Victoria Peltreau

Saul Peltreau

C-

Famille Victorin Peltreau — Victorin Peltreau (Père) — Clegelia Peltreau

Anosta Peltreau

Brunescia Peltreau

Clergelie Buissereth (Mère) — Angelique Peltreau

Larrier Peltreau

Bertha Peltreau

Devis Peltreau

D-

Famille Clergelia Peltreau — Mahot Maignan (Père) — Katan Maignan

Dumarris Maignan

Victorin Maignan

Passil Maignan

Clergelia Peltreau (Mère) — Manes Maignan

Macyl Maignan

Clermil Maignan

Madol Maignan

251

E-

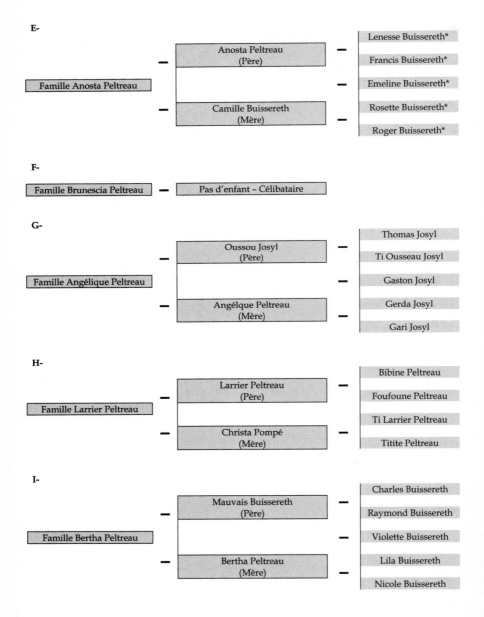

Famille Anosta Peltreau

Anosta Peltreau
(Père)

Camille Buissereth
(Mère)

Lenesse Buissereth*

Francis Buissereth*

Emeline Buissereth*

Rosette Buissereth*

Roger Buissereth*

F-

Famille Brunescia Peltreau — Pas d'enfant – Célibataire

G-

Famille Angélique Peltreau

Oussou Josyl
(Père)

Angélque Peltreau
(Mère)

Thomas Josyl

Ti Ousseau Josyl

Gaston Josyl

Gerda Josyl

Gari Josyl

H-

Famille Larrier Peltreau

Larrier Peltreau
(Père)

Christa Pompé
(Mère)

Bibine Peltreau

Foufoune Peltreau

Ti Larrier Peltreau

Titite Peltreau

I-

Famille Bertha Peltreau

Mauvais Buissereth
(Père)

Bertha Peltreau
(Mère)

Charles Buissereth

Raymond Buissereth

Violette Buissereth

Lila Buissereth

Nicole Buissereth

J-

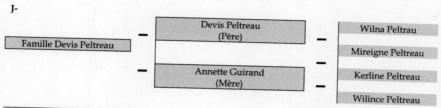

Famille Devis Peltreau

Devis Peltreau
(Père)

Annette Guirand
(Mère)

Wilna Peltrau

Mireigne Peltreau

Kerline Peltreau

Wilince Peltreau

---

* ont pris le nom de leur mère

Devis Peltreau

Edmond Poteau

254

Famille Poteau

A-   Famille Jn-Baptiste Poteau
B-   Famille Jolivin Poteau
C-   Famille Jolidas Poteau
D-   Autres enfants de Jolidas Poteau
E-   Famille Trigès Poteau
F-   Famille Tessier Poteau
G-   Famille Livette Poteau
H-   Famille Amante Poteau
I-   Famille Daelli Poteau
J-   Famille Paul Hérard Poteau
K-   Famille Linné Poteau
L-   Famille Linné Poteau
M-   Autres membres de la famille Poteau

A-

Famille Jn-Baptiste Poteau — Jn-Baptiste Poteau (Père) / ? (Mère) — Jolivin Poteau

B-

Famille Jolivin Poteau — Jolivin Poteau (Père) / Taissine Bataille (Mère) — Jolidas Poteau, Trigues Poteau, Livette Poteau, Daelli Poteau, Paul Hérard Poteau

C-

Famille Jolidas Poteau — Jolidas Poteau (Père) / Estella Honoré (Mère) — Limaille Poteau, Solon Poteau

D-

Autres enfants de Jolidas Poteau — Armante Poteau, Toussaint Poteau, Rameau Poteau, Azile Poteau, Octavie Poteau, Mélina Poteau, Adam Poteau, St Marc Poteau

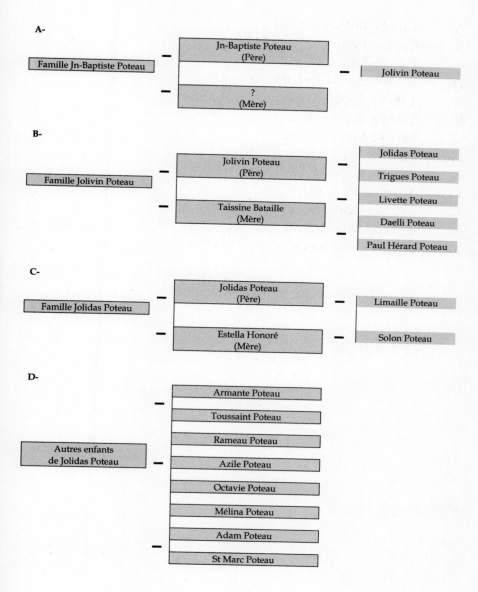

257

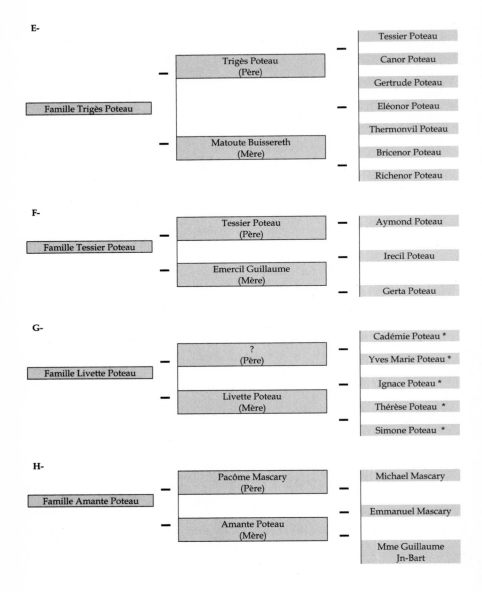

E-

Famille Trigès Poteau

- Trigès Poteau
(Père)
  - Tessier Poteau
  - Canor Poteau
  - Gertrude Poteau
  - Eléonor Poteau
  - Thermonvil Poteau
- Matoute Buissereth
(Mère)
  - Bricenor Poteau
  - Richenor Poteau

F-

Famille Tessier Poteau

- Tessier Poteau
(Père)
  - Aymond Poteau
  - Irecil Poteau
- Emercil Guillaume
(Mère)
  - Gerta Poteau

G-

Famille Livette Poteau

- ?
(Père)
  - Cadémie Poteau *
  - Yves Marie Poteau *
  - Ignace Poteau *
- Livette Poteau
(Mère)
  - Thérèse Poteau *
  - Simone Poteau *

H-

Famille Amante Poteau

- Pacôme Mascary
(Père)
  - Michael Mascary
  - Emmanuel Mascary
- Amante Poteau
(Mère)
  - Mme Guillaume
Jn-Bart

258

I-

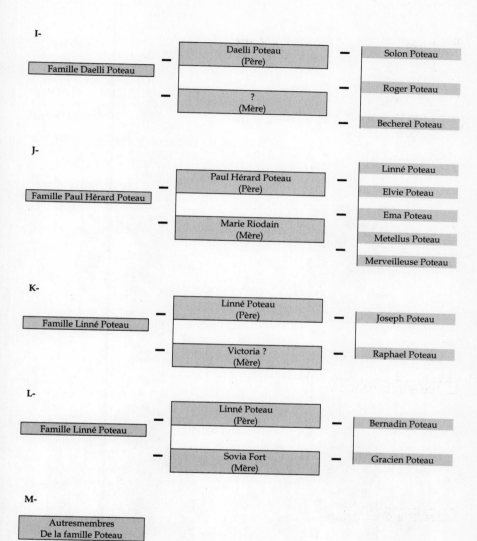

Famille Daelli Poteau

Daelli Poteau
(Père)

?
(Mère)

Solon Poteau

Roger Poteau

Becherel Poteau

J-

Famille Paul Hérard Poteau

Paul Hérard Poteau
(Père)

Marie Riodain
(Mère)

Linné Poteau

Elvie Poteau

Ema Poteau

Metellus Poteau

Merveilleuse Poteau

K-

Famille Linné Poteau

Linné Poteau
(Père)

Victoria ?
(Mère)

Joseph Poteau

Raphael Poteau

L-

Famille Linné Poteau

Linné Poteau
(Père)

Sovia Fort
(Mère)

Bernadin Poteau

Gracien Poteau

M-

Autresmembres
De la famille Poteau

---

* a pris le nom de la mère

 Liné Poteau

Mme Line Poteau

Fernand
Lorthé

Marc
Lorthé

Michael Mascary

Mme Cédois, née
Lidia Maignan

260

Famille Thadal

A-   Frères et sœurs de la famille Thadal à Fonds-des-Blancs
B-   Famille Emilie Thadal
C-   Famille Emilie Thadal
D-   Famille Elismène Thadal
E-   Famille Célismène Thadal
F-   Famille Osam Thadal
G-   Famille Orima Thadal
H-   Famille Julien Thadal
I-   Famille Inès Thadal
J-   Famille Montélus Thadal
K-   Famille Monthyl Thadal
L-   Famille Télécide Thadal
M-   Autres membres de la famille Thadal
N-   Famile Calite Thadal
O-   Famille Calite Thadal
P-   Famille Dorléan Thadal
Q-   Famille Estenie Thadal

A

	Emile Thadal
	Elismène Thadal
	Célismène Thadal
Frères et soeurs de la famille Thadal à Fond-des-Blancs	Osam Thadal
	Montélus Thadal
	Télécide Thadal
	Jean Thadal
	Nacissa Thadal
	Idalia Thadal

B-

	Damano Lalanne (Père)	Horacius Lalanne
Famille Emilie Thadal		Fanfan Lalanne
	Emilie Thadal (Mère)	Théodule Lalanne
		Ilmène Lalanne

C-

	Delton Francoeur (Père)	Dilton Francoeur
Famille Emilie Thadal		Dissène Francoeur
	Emilie Thadal (Mère)	Blanc Francoeur

D-

	Delorme Guirand (Père)
Famille Elismène Thadal	
	Elismène Thadal (Mère)

263

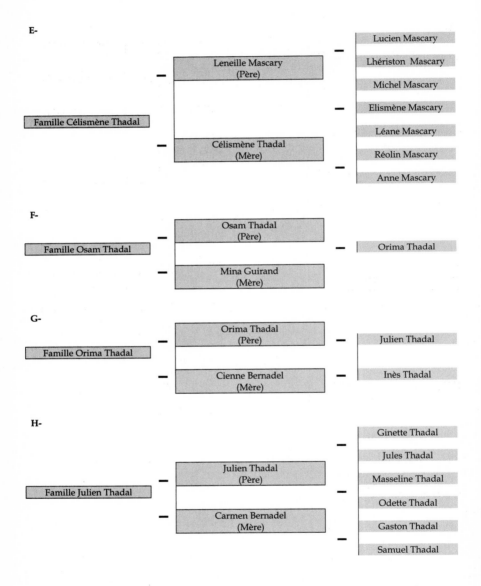

E-

Famille Célismène Thadal

Leneille Mascary
(Père)

Célismène Thadal
(Mère)

Lucien Mascary

Lhériston Mascary

Michel Mascary

Elismène Mascary

Léane Mascary

Réolin Mascary

Anne Mascary

F-

Famille Osam Thadal

Osam Thadal
(Père)

Mina Guirand
(Mère)

Orima Thadal

G-

Famille Orima Thadal

Orima Thadal
(Père)

Cienne Bernadel
(Mère)

Julien Thadal

Inès Thadal

H-

Famille Julien Thadal

Julien Thadal
(Père)

Carmen Bernadel
(Mère)

Ginette Thadal

Jules Thadal

Masseline Thadal

Odette Thadal

Gaston Thadal

Samuel Thadal

264

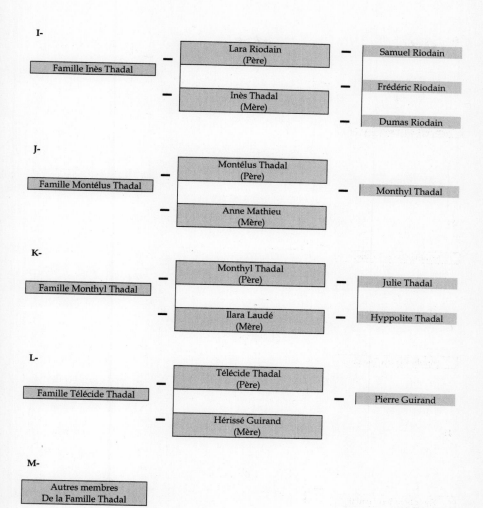

I-

Famille Inès Thadal

— Lara Riodain
(Père)

— Inès Thadal
(Mère)

— Samuel Riodain

— Frédéric Riodain

— Dumas Riodain

J-

Famille Montélus Thadal

— Montélus Thadal
(Père)

— Anne Mathieu
(Mère)

— Monthyl Thadal

K-

Famille Monthyl Thadal

— Monthyl Thadal
(Père)

— Ilara Laudé
(Mère)

— Julie Thadal

— Hyppolite Thadal

L-

Famille Télécide Thadal

— Télécide Thadal
(Père)

— Hérissé Guirand
(Mère)

— Pierre Guirand

M-

Autres membres
De la Famille Thadal

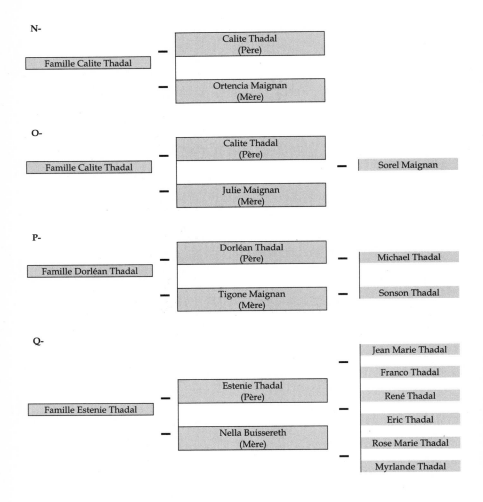

N-

Famille Calite Thadal

Calite Thadal
(Père)

Ortencia Maignan
(Mère)

O-

Famille Calite Thadal

Calite Thadal
(Père)

Julie Maignan
(Mère)

Sorel Maignan

P-

Famille Dorléan Thadal

Dorléan Thadal
(Père)

Tigone Maignan
(Mère)

Michael Thadal

Sonson Thadal

Q-

Famille Estenie Thadal

Estenie Thadal
(Père)

Nella Buissereth
(Mère)

Jean Marie Thadal

Franco Thadal

René Thadal

Eric Thadal

Rose Marie Thadal

Myrlande Thadal

Famille Vilsaint

A-   Famille Pierre-Louis Vilsaint
B-   Famille Siméon Vilsaint
C-   Famille Alcan Vilsaint
D-   Famille Vilnéus Vilsaint
E-   Famile Vilnéus Vilsaint
F-   Famille Ménos Vilsaint
G-   Famille Rémulus Vilsaint
H-   Famille Nacius Vilsaint
I-   Autres enfants de Nacius Vilsaint
J-   Famille Vilnéa Vilsaint
K-   Famille Navius Vilsaint
L-   Famille Choune Vilsaint
M-   Famille Marie Vilsaint
N-   Famille Marie Vilsaint
O-   Famille Marie Vilsaint
P-   Famille Marie Vilsaint
Q-   Autres membres de la famille Vilsaint
R-   Famille Chercyle Vilsaint
S-   Famille Chercyle Vilsaint

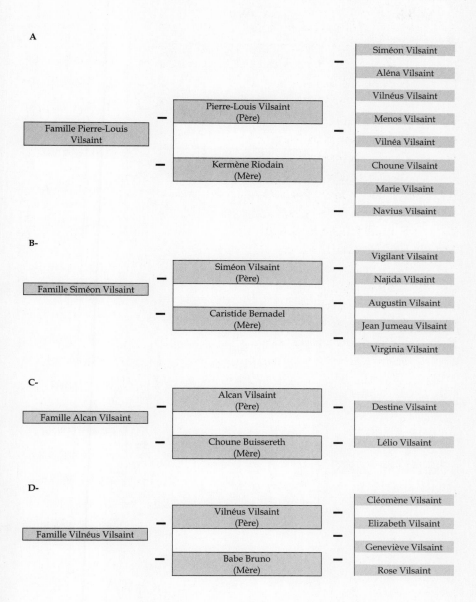

A

Famille Pierre-Louis Vilsaint — Pierre-Louis Vilsaint (Père) — Siméon Vilsaint, Aléna Vilsaint, Vilnéus Vilsaint, Menos Vilsaint

Kermène Riodain (Mère) — Vilnéa Vilsaint, Choune Vilsaint, Marie Vilsaint, Navius Vilsaint

B-

Famille Siméon Vilsaint — Siméon Vilsaint (Père) — Vigilant Vilsaint, Najida Vilsaint

Caristide Bernadel (Mère) — Augustin Vilsaint, Jean Jumeau Vilsaint, Virginia Vilsaint

C-

Famille Alcan Vilsaint — Alcan Vilsaint (Père) — Destine Vilsaint

Choune Buissereth (Mère) — Lélio Vilsaint

D-

Famille Vilnéus Vilsaint — Vilnéus Vilsaint (Père) — Cléomène Vilsaint, Elizabeth Vilsaint

Babe Bruno (Mère) — Geneviève Vilsaint, Rose Vilsaint

E-

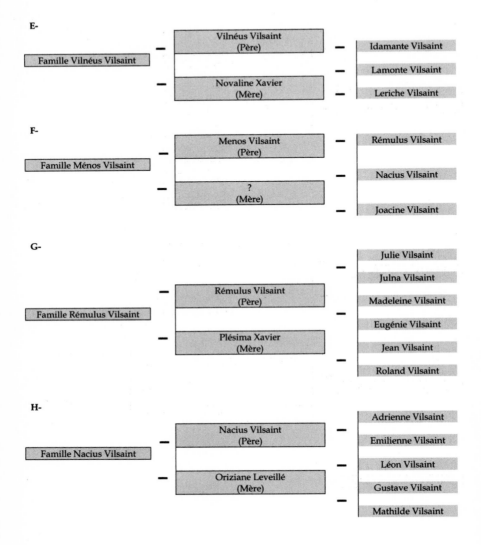

Famille Vilnéus Vilsaint

Vilnéus Vilsaint
(Père)

Novaline Xavier
(Mère)

Idamante Vilsaint

Lamonte Vilsaint

Leriche Vilsaint

F-

Famille Ménos Vilsaint

Menos Vilsaint
(Père)

?
(Mère)

Rémulus Vilsaint

Nacius Vilsaint

Joacine Vilsaint

G-

Famille Rémulus Vilsaint

Rémulus Vilsaint
(Père)

Plésima Xavier
(Mère)

Julie Vilsaint

Julna Vilsaint

Madeleine Vilsaint

Eugénie Vilsaint

Jean Vilsaint

Roland Vilsaint

H-

Famille Nacius Vilsaint

Nacius Vilsaint
(Père)

Oriziane Leveillé
(Mère)

Adrienne Vilsaint

Emilienne Vilsaint

Léon Vilsaint

Gustave Vilsaint

Mathilde Vilsaint

270

I-

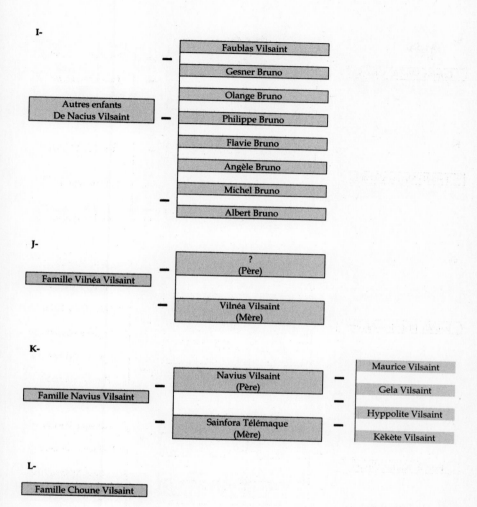

Autres enfants
De Nacius Vilsaint

- Faublas Vilsaint
- Gesner Bruno
- Olange Bruno
- Philippe Bruno
- Flavie Bruno
- Angèle Bruno
- Michel Bruno
- Albert Bruno

J-

Famille Vilnéa Vilsaint

- ?
  (Père)
- Vilnéa Vilsaint
  (Mère)

K-

Famille Navius Vilsaint

- Navius Vilsaint
  (Père)
- Sainfora Télémaque
  (Mère)

- Maurice Vilsaint
- Gela Vilsaint
- Hyppolite Vilsaint
- Kèkète Vilsaint

L-

Famille Choune Vilsaint

271

M-

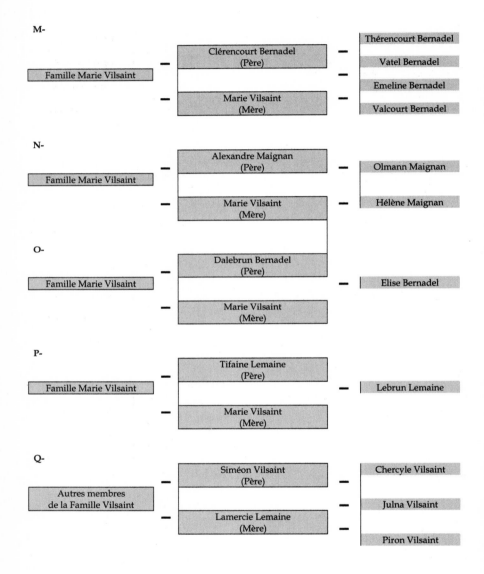

Famille Marie Vilsaint			
	Clérencourt Bernadel (Père)		Thérencourt Bernadel
			Vatel Bernadel
			Emeline Bernadel
	Marie Vilsaint (Mère)		Valcourt Bernadel

N-

Famille Marie Vilsaint		
	Alexandre Maignan (Père)	Olmann Maignan
	Marie Vilsaint (Mère)	Hélène Maignan

O-

Famille Marie Vilsaint		
	Dalebrun Bernadel (Père)	Elise Bernadel
	Marie Vilsaint (Mère)	

P-

Famille Marie Vilsaint		
	Tifaine Lemaine (Père)	Lebrun Lemaine
	Marie Vilsaint (Mère)	

Q-

Autres membres de la Famille Vilsaint		
	Siméon Vilsaint (Père)	Chercyle Vilsaint
		Julna Vilsaint
	Lamercie Lemaine (Mère)	Piron Vilsaint

272

R-

Famille Chercyle Vilsaint		Duparc Bernadel (Père)		Edith Bernadel
	—		—	Edna Bernadel
			—	Edner Bernadel
	—	Chercyle Vilsaint (Mère)	—	Edmond Bernadel

S-

Famille Chercyle Vilsaint	—	Marcel Cauvin (Père)		
			—	Yolande Vilsaint *
	—	Chercyle Vilsaint (Mère)		

T-

Famille Vigilant Vilsaint	—	Vigilant Vilsaint (Père)		Kesner Vilsaint
			—	Monique Vilsaint
			—	Constantin Vilsaint
	—	Louisa Gourdet (Mère)	—	Irène Vilsaint

U-

Famille Najida Vilsaint	—	Léon Fauché (Père)		Marie Thérèse Fauché
			—	Edner Fauché
			—	Léonide Fauché
	—	Najida Vilsaint (Mère)	—	Jules André Fauché

---

* a pris le nom de la mère.

Monsieur & Madame Nacius Vilsaint

2-   **Les familles traditionnelles qui ont contribuées à la fondation et à la création de Fond-des-Blancs**

⊁   Famille Brice

⊁   Famille Francoeur

⊁   Famille Guillaume

⊁   Famille Lézeau

⊁   Famille Milbin

⊁   Famille Morancy

⊁   Famille Nazaire

⊁   Famille Polica

⊁   Famille Riodain

⊁   Famille Vibert

Famille Brice

A-   Famille Brice

B-   Famille Morel Brice

C-   Famille Osa Brice

D-   Autres enfants de Osa Brice

D1-   Famille Osa Brice

D2-   Famille Osa Brice

E-   Famille Célimène Brice

F-   Autre branche apparentée aux Brice

G-   Famille de Lore Guirand

D2-

Famille Osa Brice	—	Osa Brice (Père)		
			—	Idèle Thadal*
	—	Mme Vve Calyte Thadal (Mère)		

E-

Famille Célimène Brice	—	Célimène Brice est la mère de Fanélie Brice vivant à Lhomond

F-

Autre branche Apparentée aux Brice	—	Lore Guirand, sœur de Asma Guirand, épouse de Osa Brice

G-

Famille de Lore Guirand	—	Christian Henri (Père)	—	Jules Henri
			—	Gislaine Henri
	—	Lore Guirand (Mère)		
			—	Carlo Henri

---

* a pris le nom de la mère

** Fille d'un descendant syrien et d'une Dame Guirand. A pris le nom de sa mère

Osa Morel
Brice ←

Asma Guirand
Brice →

Agnes Neptune
←

Abner Brice
→

Max Brice
←

Nelly Sepulveda
Brice →

Marjorie Brice

Natasha Brice

Renold Brice

France Brice

Renée Henry
Brice

François Brice

Famille Francoeur

A-   Famille Durabrun Francoeur
B-   Famille Discène Francoeur
C-   Famille Jeannette Francoeur
D-   Famille Jeannine Francoeur
E-   Famille Thomas Francoeur
F-   Famille Dilton Francoeur
G-   Famille Navius Francoeur

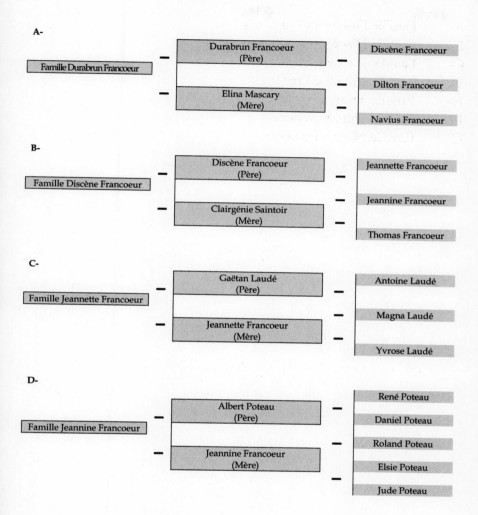

A-

Famille Durabrun Francoeur
- Durabrun Francoeur (Père)
  - Discène Francoeur
- Elina Mascary (Mère)
  - Dilton Francoeur
  - Navius Francoeur

B-

Famille Discène Francoeur
- Discène Francoeur (Père)
  - Jeannette Francoeur
- Clairgénie Saintoir (Mère)
  - Jeannine Francoeur
  - Thomas Francoeur

C-

Famille Jeannette Francoeur
- Gaëtan Laudé (Père)
  - Antoine Laudé
- Jeannette Francoeur (Mère)
  - Magna Laudé
  - Yvrose Laudé

D-

Famille Jeannine Francoeur
- Albert Poteau (Père)
  - René Poteau
  - Daniel Poteau
- Jeannine Francoeur (Mère)
  - Roland Poteau
  - Elsie Poteau
  - Jude Poteau

285

E-

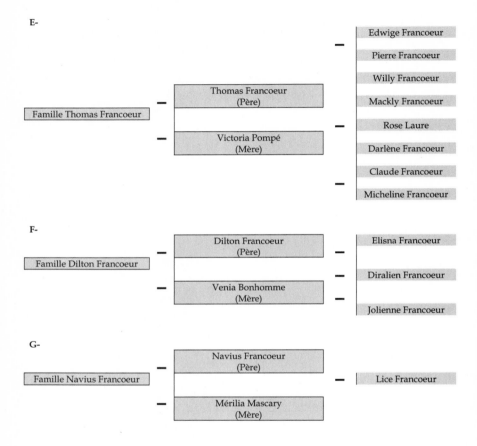

Famille Thomas Francoeur

- Thomas Francoeur (Père)
- Victoria Pompé (Mère)

- Edwige Francoeur
- Pierre Francoeur
- Willy Francoeur
- Mackly Francoeur
- Rose Laure
- Darlène Francoeur
- Claude Francoeur
- Micheline Francoeur

F-

Famille Dilton Francoeur

- Dilton Francoeur (Père)
- Venia Bonhomme (Mère)

- Elisna Francoeur
- Diralien Francoeur
- Jolienne Francoeur

G-

Famille Navius Francoeur

- Navius Francoeur (Père)
- Mérilia Mascary (Mère)

- Lice Francoeur

Famille Guillaume

A-   Famille Célide Guillaume

B-   Famille Monnier Guillaume

C-   Famille Dessex Guillaume

D-   Famille Joseph Guillaume

E-   Famille Joseph Guillaume

F-   Famille Nissage Guillaume

G-   Famille Marie Solange Guillaume

H-   Famille Marie Carmel Guillaume

I-   Famille Nellie Guillaume

J-   Famille Idalia Guillaume

K-   Famille Arménie Guillaume

L-   Famille Hermane Guillaume

M-   Famille Pierre Guillaume

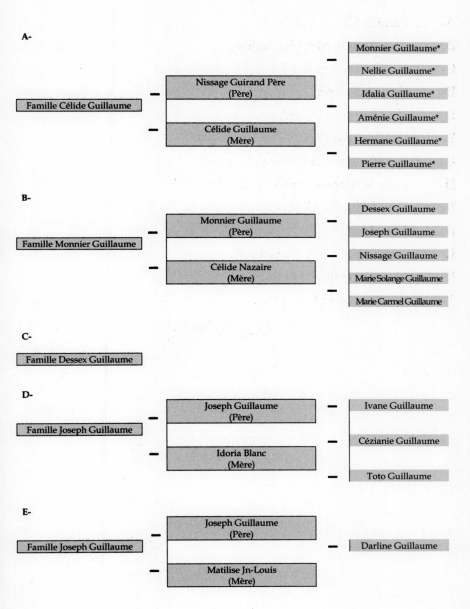

A-

Famille Célide Guillaume

Nissage Guirand Père
(Père)

Célide Guillaume
(Mère)

Monnier Guillaume*

Nellie Guillaume*

Idalia Guillaume*

Aménie Guillaume*

Hermane Guillaume*

Pierre Guillaume*

B-

Famille Monnier Guillaume

Monnier Guillaume
(Père)

Célide Nazaire
(Mère)

Dessex Guillaume

Joseph Guillaume

Nissage Guillaume

Marie Solange Guillaume

Marie Carmel Guillaume

C-

Famille Dessex Guillaume

D-

Famille Joseph Guillaume

Joseph Guillaume
(Père)

Idoria Blanc
(Mère)

Ivane Guillaume

Cézianie Guillaume

Toto Guillaume

E-

Famille Joseph Guillaume

Joseph Guillaume
(Père)

Matilise Jn-Louis
(Mère)

Darline Guillaume

289

F-

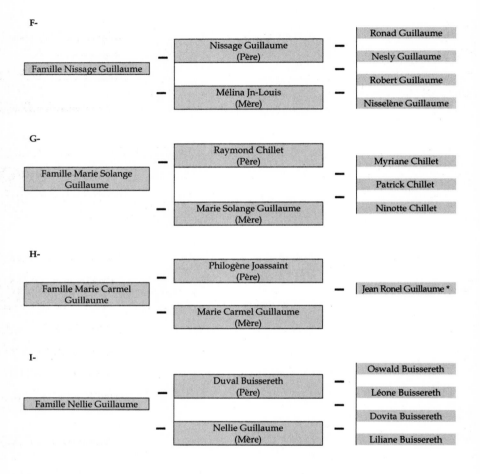

Famille Nissage Guillaume

Nissage Guillaume
(Père)

Mélina Jn-Louis
(Mère)

Ronad Guillaume

Nesly Guillaume

Robert Guillaume

Nisselène Guillaume

G-

**Famille Marie Solange
Guillaume**

Raymond Chillet
(Père)

Marie Solange Guillaume
(Mère)

Myriane Chillet

Patrick Chillet

Ninotte Chillet

H-

**Famille Marie Carmel
Guillaume**

Philogène Joassaint
(Père)

Marie Carmel Guillaume
(Mère)

Jean Ronel Guillaume *

I-

Famille Nellie Guillaume

Duval Buissereth
(Père)

Nellie Guillaume
(Mère)

Oswald Buissereth

Léone Buissereth

Dovita Buissereth

Liliane Buissereth

J-

		Thérèse Lorthé
Famille Idalia Guillaume	Jean Lorthé (Père)	Rosette Lorthé
		Raymonde Lorthé
		Lina Lorthé
	Idalia Guillaume (Mère)	François Lorthé
		Robert Lorthé

K-

	Gallien Landé (Père)	
Famille Arménie Guillaume		Enide Landé
	Arménie Guillaume (Mère)	Marie-Yolène Landé

L-

	Hermane Guillaume (Père)	Frank Guillaume
		Renaud Guillaume
Famille Hermane Guillaume		Marie Anthonine Guillaume
	Hélène Maignan (Mère)	France Guillaume
		Désiliasse Guillaume

M-

		Mathild Guillaume
	Pierre Guillaume (Père)	Maxeau Guillaume
Famille Pierre Guillaume		Yves Marie Guillaume
		Jean Guy Guillaume
	Précieuse Dambreville (Mère)	Françoise Guillaume
		Yvette Guillaume
		Marie Dady Guillaume

* à le nom de la mère.

291

Famille Lézeau

A-   Famille Ninstant Lézeau
B-   Famille Ninstant Lézeau Fils
C-   Autres enfants de Ninstant Lézeau
D-   Famille Nestant Lézeau
E-   Les enfants de Salnave Lézeau
F-   Les enfants de Silvanie Lézeau
G-   Les enfants de Roselie Lézeau
H-   Famille Précilie Lézeau
I-   Famille Camille Lézeau
J-   Enfant de Wilner Lézeau
K-   Famille Yolaine Lézeau
L-   Famille Moretour Lézeau
M-   Famille Séguir Lézeau
N-   Famille Rigaud Lézeau

A-

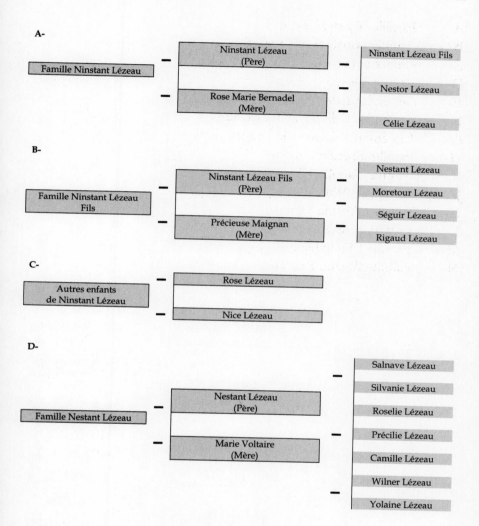

Famille Ninstant Lézeau

Ninstant Lézeau
(Père)

Rose Marie Bernadel
(Mère)

Ninstant Lézeau Fils

Nestor Lézeau

Célie Lézeau

B-

Famille Ninstant Lézeau
Fils

Ninstant Lézeau Fils
(Père)

Précieuse Maignan
(Mère)

Nestant Lézeau

Moretour Lézeau

Séguir Lézeau

Rigaud Lézeau

C-

Autres enfants
de Ninstant Lézeau

Rose Lézeau

Nice Lézeau

D-

Famille Nestant Lézeau

Nestant Lézeau
(Père)

Marie Voltaire
(Mère)

Salnave Lézeau

Silvanie Lézeau

Roselie Lézeau

Précilie Lézeau

Camille Lézeau

Wilner Lézeau

Yolaine Lézeau

E-

Les enfants de Salnave Lézeau

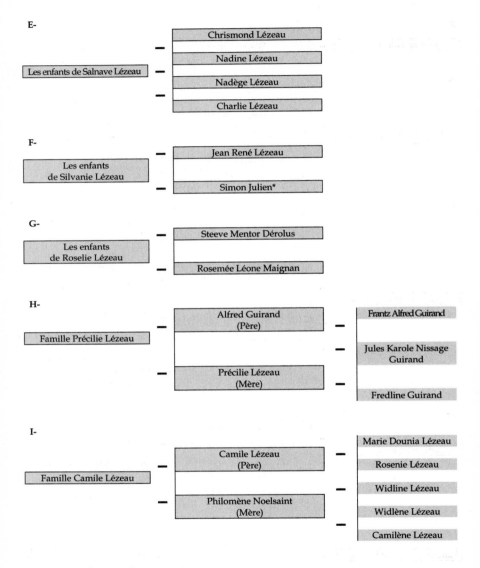

Chrismond Lézeau

Nadine Lézeau

Nadège Lézeau

Charlie Lézeau

F-

Les enfants
de Silvanie Lézeau

Jean René Lézeau

Simon Julien*

G-

Les enfants
de Roselie Lézeau

Steeve Mentor Dérolus

Rosemée Léone Maignan

H-

Famille Précilie Lézeau

Alfred Guirand
(Père)

Précilie Lézeau
(Mère)

Frantz Alfred Guirand

Jules Karole Nissage
Guirand

Fredline Guirand

I-

Famille Camile Lézeau

Camile Lézeau
(Père)

Philomène Noelsaint
(Mère)

Marie Dounia Lézeau

Rosenie Lézeau

Widline Lézeau

Widlène Lézeau

Camilène Lézeau

J-

| Enfant de Wilner Lézeau | — | Wilson Lézeau |

K-

| Famille Yolaine Lézeau | — | Silvio Bernadel (Père) / Yolaine Lézeau (Mère) | — | Tamara Bernadel |

L-

| Famille Moretour Lézeau | — | Moretour Lézeau (Père) / Jeannine Lajoie (Mère) | — | Gérard Lézeau, Gladice Lézeau, Jeannette Lézeau, Wilfrid Lézeau, Pierre Lézeau, Simon Lézeau, Dieuna Lézeau, Guerline Lézeau |

M-

| Famille Séguir Lézeau | — | Séguir Lézeau (Père) / Elise Bernadel (Mère) | — | Antoine Lézeau, Rigaud Lézeau, Selon Lézeau |

N-

| Famille de Rigaud Lézeau | — | Rigaud Lézeau a émigré à Cuba. Il a laissé une fille du nom de Ana Lézeau |

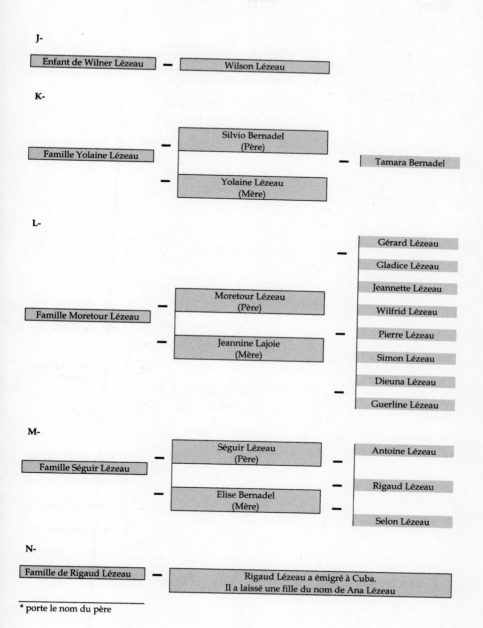

* porte le nom du père

297

Famille Milbin

A-   Famille Delinston Milbin
B-   Famille Enol Milbin
C-   Famille Edner Milbin
D-   Famille Micheline Milbin
E-   Famille Créda Milbin
F-   Famille Joseph Milbin
G-   Famille Joceline Milbin
H-   Famille Archange Milbin

A-

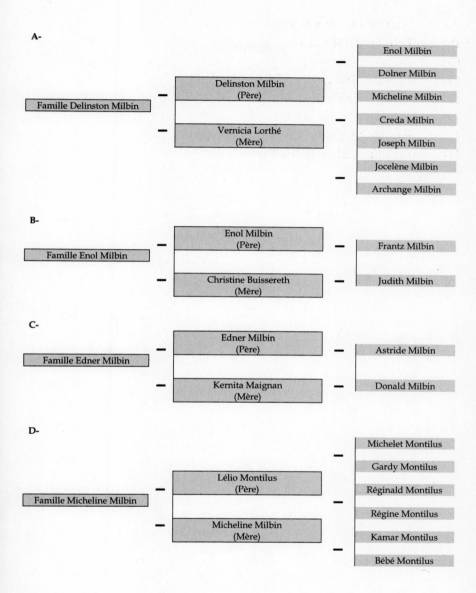

B-

C-

D-

301

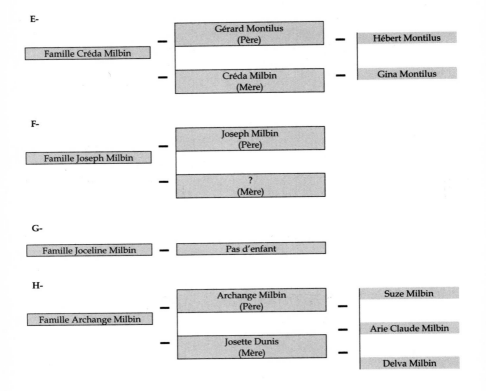

E-

Famille Créda Milbin

Gérard Montilus
(Père)

Hébert Montilus

Créda Milbin
(Mère)

Gina Montilus

F-

Famille Joseph Milbin

Joseph Milbin
(Père)

?
(Mère)

G-

Famille Joceline Milbin — Pas d'enfant

H-

Famille Archange Milbin

Archange Milbin
(Père)

Suze Milbin

Arie Claude Milbin

Josette Dunis
(Mère)

Delva Milbin

302

Famille Morancy

A-   Famille Morancy
B-   Famille Hortencius Morancy
C-   Famille Hortance Morancy
D-   Famille Célius Morancy
E-   Famille Octavius Morancy
F-   Famille Flavius Morancy
G-   Famille Célie Morancy

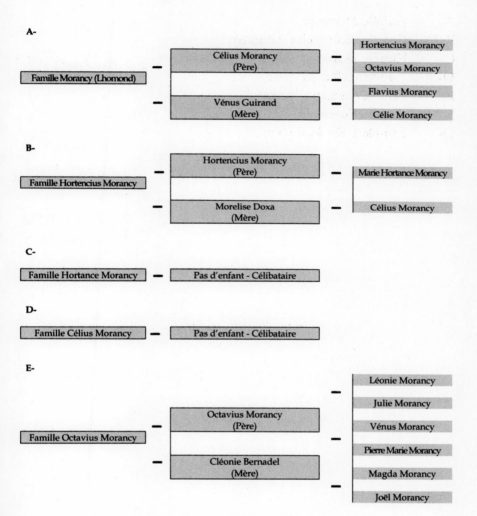

Famille Morancy (Lhomond) — Célius Morancy (Père) — Hortencius Morancy / Octavius Morancy / Flavius Morancy / Célie Morancy — Vénus Guirand (Mère)

B-

Famille Hortencius Morancy — Hortencius Morancy (Père) — Marie Hortance Morancy / Célius Morancy — Morelise Doxa (Mère)

C-

Famille Hortance Morancy — Pas d'enfant - Célibataire

D-

Famille Célius Morancy — Pas d'enfant - Célibataire

E-

Famille Octavius Morancy — Octavius Morancy (Père) — Léonie Morancy / Julie Morancy / Vénus Morancy / Pierre Marie Morancy / Magda Morancy / Joël Morancy — Cléonie Bernadel (Mère)

305

F-

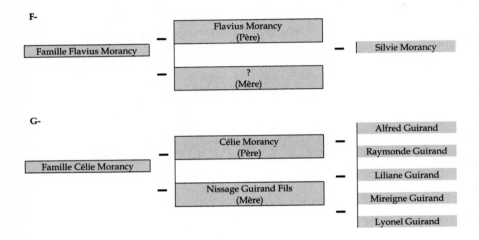

Famille Flavius Morancy	Flavius Morancy (Père)	Silvie Morancy
	? (Mère)	

G-

		Alfred Guirand
	Célie Morancy (Père)	Raymonde Guirand
Famille Célie Morancy		Liliane Guirand
	Nissage Guirand Fils (Mère)	Mireigne Guirand
		Lyonel Guirand

Famille Nazaire

A-   Famille Osias Nazaire
B-   Famille Mérizias Nazaire
C-   Famille Drack Nazaire
D-   Famille Drack Nazaire
E-   Famille Chrismarthe Nazaire
F-   Famille Yves Wilme Nazaire
G-   Famille Anthony Nazaire
H-   Famille Lourde Nazaire
I-   Famille Elione Nazaire
J-   Famille Elianise Nazaire

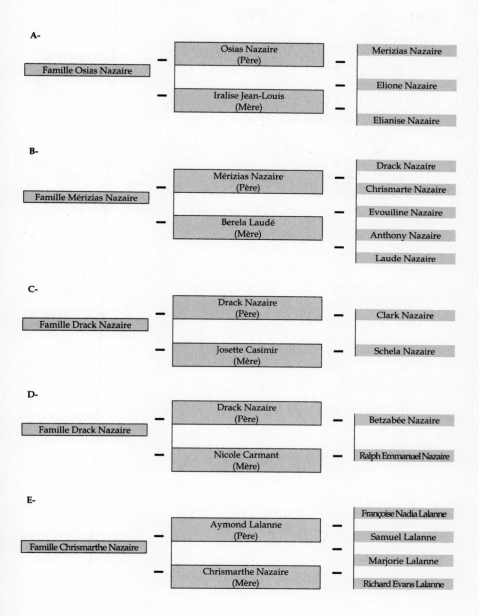

A-

Famille Osias Nazaire —

Osias Nazaire (Père) — Merizias Nazaire

Elione Nazaire

Iralise Jean-Louis (Mère) — Elianise Nazaire

B-

Famille Mérizias Nazaire —

Mérizias Nazaire (Père) — Drack Nazaire

Chrismarte Nazaire

Evouiline Nazaire

Berela Laudé (Mère) — Anthony Nazaire

Laude Nazaire

C-

Famille Drack Nazaire —

Drack Nazaire (Père) — Clark Nazaire

Josette Casimir (Mère) — Schela Nazaire

D-

Famille Drack Nazaire —

Drack Nazaire (Père) — Betzabée Nazaire

Nicole Carmant (Mère) — Ralph Emmanuel Nazaire

E-

Famille Chrismarthe Nazaire —

Aymond Lalanne (Père) — Françoise Nadia Lalanne

Samuel Lalanne

Marjorie Lalanne

Chrismarthe Nazaire (Mère) — Richard Evans Lalanne

F-

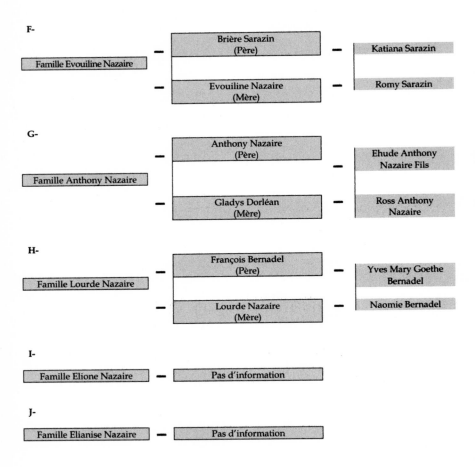

Famille Evouiline Nazaire

- Brière Sarazin (Père) — Katiana Sarazin
- Evouiline Nazaire (Mère) — Romy Sarazin

G-

Famille Anthony Nazaire

- Anthony Nazaire (Père) — Ehude Anthony Nazaire Fils
- Gladys Dorléan (Mère) — Ross Anthony Nazaire

H-

Famille Lourde Nazaire

- François Bernadel (Père) — Yves Mary Goethe Bernadel
- Lourde Nazaire (Mère) — Naomie Bernadel

I-

Famille Elione Nazaire — Pas d'information

J-

Famille Elianise Nazaire — Pas d'information

310

Famille Polica

A-   Famille Missiade Polica
B-   Famille Volika Polica
C-   Famille Edrick Polica
D-   Famille Sandra Polica
E-   Famille Jean Calixte Polica
F-   Famille Patrick Polica
G-   Famille François Edrick Polica

A-

| Famille Missiade Polica | — | Missiade Polica (Père) | |
| | | Clerida Jn Pierre (Mère) | — Volika Polica |

B-

Famille Volika Polica	—	Volika Polica (Père)	— Edrick Polica
			Acesse Polica
			Bertha Polica
		Elina Honoré (Mère)	— Moïse Polica
			Molton Polica
			— André Polica

C-

Famille Edrick Polica	—	Edrick Polica (Père)	— Sandra Polica
			— Jean Calixte Polica
			— Patrick Polica
		Saintanie Lalanne (Mère)	— François Edrick Polica

D-

| Famille Sandra Polica | — | ? Duteau (Père) | |
| | | Sandra Polica (Mère) | — Gagnelle Duteau |

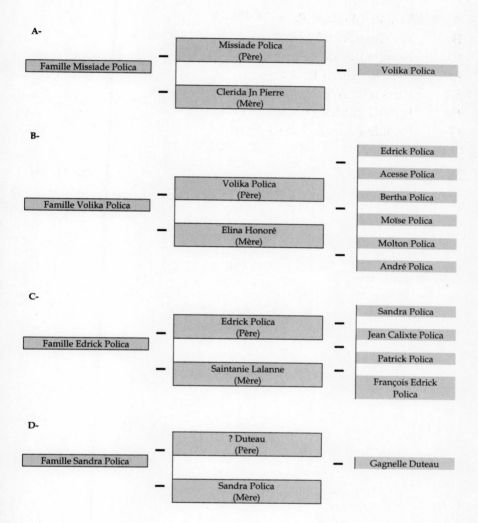

E-

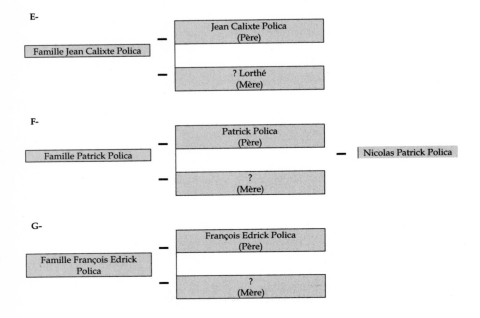

Famille Jean Calixte Polica

Jean Calixte Polica
(Père)

? Lorthé
(Mère)

F-

Famille Patrick Polica

Patrick Polica
(Père)

?
(Mère)

Nicolas Patrick Polica

G-

Famille François Edrick Polica

François Edrick Polica
(Père)

?
(Mère)

Famille Riodain

A-   Deux frères Riodain
B-   Famille Laban Riodain
C-   Famille Noncent Riodain
D-   Famille Eria Riodain
E-   Autres membres de la famille Riodain
F-   Famille Kermène Riodain
G-   Famille Télémaque Boisrond Fils
H-   Famille Béata Boisrond

A-

Deux frères Riodain

— Laban Riodain

— Noncent Riodain

B-

Famille Laban Riodain

— Laban Riodain
(Père)

— ?
(Mère)

— Lethone Riodain

— Lara Riodain

— Ifalide Riodain

— Adrien Riodain

C-

Famille Noncent Riodain

— Noncent Riodain
(Père)

— ?
(Mère)

— Eria Riodain

— Eristène Riodain

— Vedana Riodain

D-

Famille Eria Riodain

— Rémostène Théodore
(Père)

— Eria Riodain
(Mère)

— Solanges Théodore

— Yves Théodore

— Rosevelt Théodore

— Guerline Théodore

E-

Autres membres
de la famille Rioadain

— Kermène Riodain

317

F-

Famille Kermène Riodain	—	Télémaque Boisrond (Père)	— Télémaque Boisrond Fils
	—	Kermène Riodain (Mère)	

G-

Famille Télémaque Boisrond Fils	—	Télémaque Boisrond Fils (Père)	— Béata Boisrond
	—	Kermène Bossé (Mère)	

H-

Famille Béata Boisrond	—	Médor Pierre Michel (Père)	— Télémaque Médor Pierre Michel
	—	Béata Boisrond (Mère)	

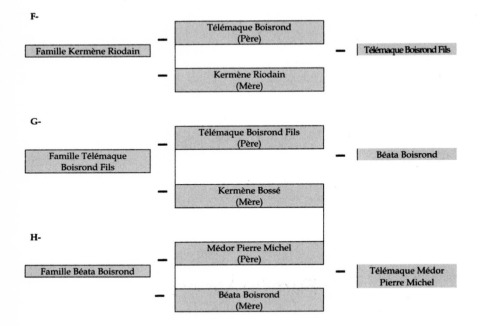

Famille Vibert

A-   Famille Cériac Vibert
B-   Famille Céan Vibert
C-   Famille Céan Vibert
D-   Famille Céan Vibert
E-   Famille Céan Vibert
F-   Famille Céan Vibert
G-   Famille Charles Vibert

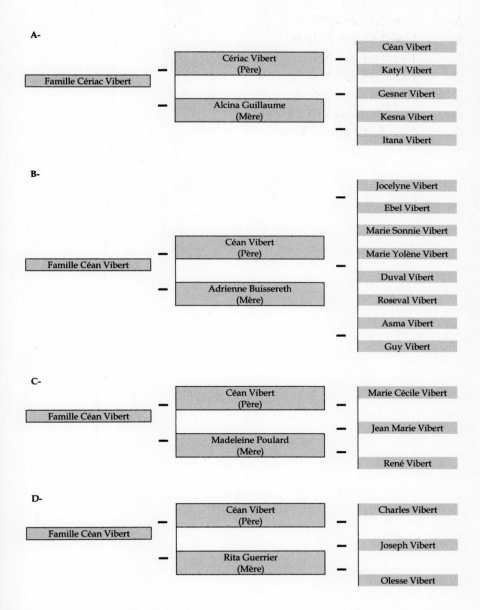

A-

Famille Cériac Vibert
- Cériac Vibert (Père)
- Alcina Guillaume (Mère)
  - Céan Vibert
  - Katyl Vibert
  - Gesner Vibert
  - Kesna Vibert
  - Itana Vibert

B-

Famille Céan Vibert
- Céan Vibert (Père)
- Adrienne Buissereth (Mère)
  - Jocelyne Vibert
  - Ebel Vibert
  - Marie Sonnie Vibert
  - Marie Yolène Vibert
  - Duval Vibert
  - Roseval Vibert
  - Asma Vibert
  - Guy Vibert

C-

Famille Céan Vibert
- Céan Vibert (Père)
- Madeleine Poulard (Mère)
  - Marie Cécile Vibert
  - Jean Marie Vibert
  - René Vibert

D-

Famille Céan Vibert
- Céan Vibert (Père)
- Rita Guerrier (Mère)
  - Charles Vibert
  - Joseph Vibert
  - Olesse Vibert

321

E-

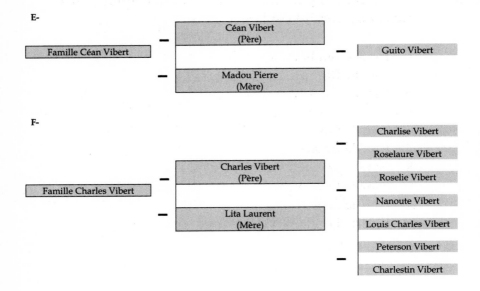

Famille Céan Vibert	Céan Vibert (Père)
	Madou Pierre (Mère)

Guito Vibert

F-

Famille Charles Vibert	Charles Vibert (Père)
	Lita Laurent (Mère)

Charlise Vibert

Roselaure Vibert

Roselie Vibert

Nanoute Vibert

Louis Charles Vibert

Peterson Vibert

Charlestin Vibert

3- **Les familles traditionnelles de certaines zones avoisinantes de Fond-des-Blancs**

- ⚮ Famille Bonhomme
- ⚮ Famille Bruno
- ⚮ Famille Dora
- ⚮ Famille Franc
- ⚮ Famille Gourdet
- ⚮ Famille Jacques
- ⚮ Famille Jn-Louis
- ⚮ Famille Lafleur
- ⚮ Famille Lelièvre
- ⚮ Famille Léveillé

Famille Bonhomme

A-   Famille Pauli Bonhomme

B-   Famille Paul Bonhomme

C-   Famille Ristan Bonhomme

D-   Famille Albo Bonhomme

E-   Famille Banane Bonhomme

F-   Famille Desprez Bonhomme

G-   Famille France Bonhomme

H-   Famille Polynice Bonhomme

I-   Famille Anila Bonhomme

J-   Famille Elma Bonhomme

K-   Famille Thomas Bonhomme

L-   Famille Oristile Bonhomme

M-   Famille Prunes Bonhomme

N-   Famille Elibrun Bonhomme

O-   Famille Katan Bonhomme

P-   Famille Grosfemme Bonhomme

A-

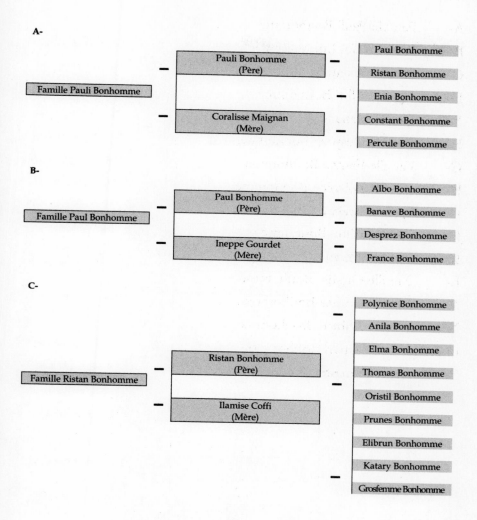

Famille Pauli Bonhomme

Pauli Bonhomme (Père)
- Paul Bonhomme
- Ristan Bonhomme
- Enia Bonhomme

Coralisse Maignan (Mère)
- Constant Bonhomme
- Percule Bonhomme

B-

Famille Paul Bonhomme

Paul Bonhomme (Père)
- Albo Bonhomme
- Banave Bonhomme

Ineppe Gourdet (Mère)
- Desprez Bonhomme
- France Bonhomme

C-

Famille Ristan Bonhomme

Ristan Bonhomme (Père)
- Polynice Bonhomme
- Anila Bonhomme
- Elma Bonhomme
- Thomas Bonhomme

Ilamise Coffi (Mère)
- Oristil Bonhomme
- Prunes Bonhomme
- Elibrun Bonhomme
- Katary Bonhomme
- Grosfemme Bonhomme

D-

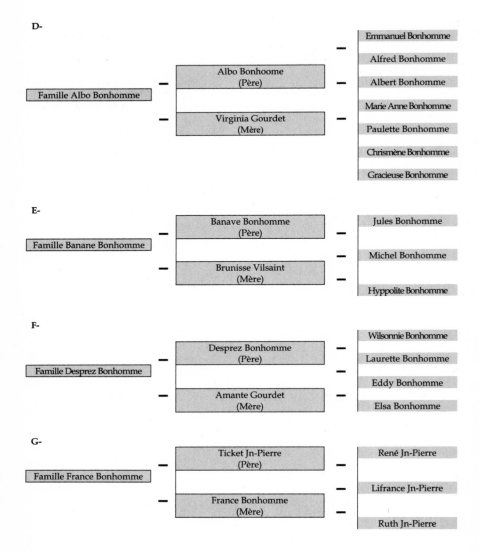

		Emmanuel Bonhomme
		Alfred Bonhomme
Albo Bonhoome (Père)		Albert Bonhomme
		Marie Anne Bonhomme
Virginia Gourdet (Mère)		Paulette Bonhomme
		Chrismène Bonhomme
		Gracieuse Bonhomme

Famille Albo Bonhomme

E-

		Jules Bonhomme
Banave Bonhomme (Père)		
		Michel Bonhomme
Brunisse Vilsaint (Mère)		
		Hyppolite Bonhomme

Famille Banane Bonhomme

F-

		Wilsonnie Bonhomme
Desprez Bonhomme (Père)		Laurette Bonhomme
		Eddy Bonhomme
Amante Gourdet (Mère)		Elsa Bonhomme

Famille Desprez Bonhomme

G-

		René Jn-Pierre
Ticket Jn-Pierre (Père)		
		Lifrance Jn-Pierre
France Bonhomme (Mère)		
		Ruth Jn-Pierre

Famille France Bonhomme

H-

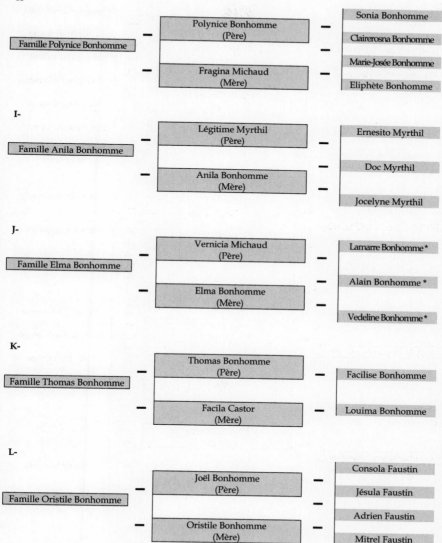

Famille Polynice Bonhomme

Polynice Bonhomme (Père)

Fragina Michaud (Mère)

Sonia Bonhomme

Clairerosna Bonhomme

Marie-Josée Bonhomme

Eliphète Bonhomme

I-

Famille Anila Bonhomme

Légitime Myrthil (Père)

Anila Bonhomme (Mère)

Ernesito Myrthil

Doc Myrthil

Jocelyne Myrthil

J-

Famille Elma Bonhomme

Vernicia Michaud (Père)

Elma Bonhomme (Mère)

Lamarre Bonhomme*

Alain Bonhomme *

Vedeline Bonhomme*

K-

Famille Thomas Bonhomme

Thomas Bonhomme (Père)

Facila Castor (Mère)

Facilise Bonhomme

Louima Bonhomme

L-

Famille Oristile Bonhomme

Joël Bonhomme (Père)

Oristile Bonhomme (Mère)

Consola Faustin

Jésula Faustin

Adrien Faustin

Mitrel Faustin

M-

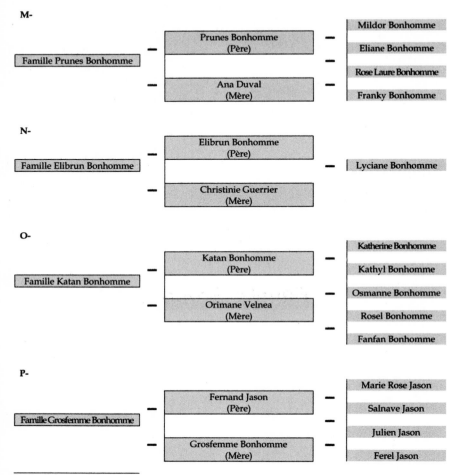

Famille Prunes Bonhomme — Prunes Bonhomme (Père) — Mildor Bonhomme / Eliane Bonhomme / Rose Laure Bonhomme / Franky Bonhomme

Ana Duval (Mère)

N-

Famille Elibrun Bonhomme — Elibrun Bonhomme (Père) — Lyciane Bonhomme

Christinie Guerrier (Mère)

O-

Famille Katan Bonhomme — Katan Bonhomme (Père) — Katherine Bonhomme / Kathyl Bonhomme / Osmanne Bonhomme / Rosel Bonhomme / Fanfan Bonhomme

Orimane Velnea (Mère)

P-

Famille Grosfemme Bonhomme — Fernand Jason (Père) — Marie Rose Jason / Salnave Jason / Julien Jason / Ferel Jason

Grosfemme Bonhomme (Mère)

---
* ont pris le nom de leur mère

Famille Bruno

A-   Famille Azarias Bruno
B-   Famille Audain Bruno
C-   Famille Dieuveuil Bruno
D-   Famille Glantine Bruno
E-   Famille Maria Bruno
F-   Famille Yves Bruno
G-   Famille Auguste Bruno
H-   Famille Jules Bruno
I-   Famille Fritz Bruno
J-   Famille Jean Bruno
K-   Famille Yvrose Bruno
L-   Famille Audain Bruno Fils

A-

Famille Azarias Bruno	—	Azarias Bruno (Père)	—	Audain Bruno
			—	Dieuveuil Bruno
		Aimée Maignan (Mère)	—	Glantine Bruno
	—		—	Maria Bruno

B-

			—	Yves Bruno
				Auguste Bruno
Famille Audain Bruno	—	Audain Bruno (Père)	—	Jules Bruno
				Fritz Bruno
	—	Francina Franc (Mère)		Jean Bruno
				Yvrose Bruno
			—	Audain Bruno Fils

C-

| Famille Dieuveuil Bruno | — | Dieuveuil Bruno * (Père) | — | Ernest Bruno |
| | — | ? (Mère) | | |

D-

| Famille Glantine Bruno | — | ? (Père) | — | Gerti Bruno |
| | — | Glantine Bruno (Mère) | | |

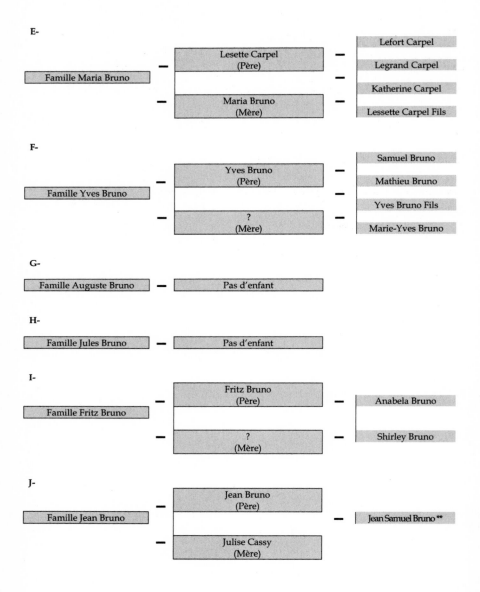

E-

Famille Maria Bruno

Lesette Carpel
(Père)

Maria Bruno
(Mère)

Lefort Carpel

Legrand Carpel

Katherine Carpel

Lessette Carpel Fils

F-

Famille Yves Bruno

Yves Bruno
(Père)

?
(Mère)

Samuel Bruno

Mathieu Bruno

Yves Bruno Fils

Marie-Yves Bruno

G-

Famille Auguste Bruno — Pas d'enfant

H-

Famille Jules Bruno — Pas d'enfant

I-

Famille Fritz Bruno

Fritz Bruno
(Père)

?
(Mère)

Anabela Bruno

Shirley Bruno

J-

Famille Jean Bruno

Jean Bruno
(Père)

Julise Cassy
(Mère)

Jean Samuel Bruno **

334

K-

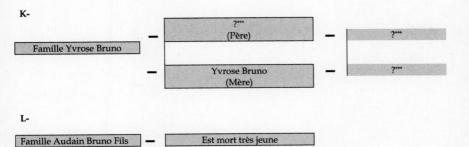

| Famille Yvrose Bruno |

L-

| Famille Audain Bruno Fils | — | Est mort très jeune |

---

* Dieuveuil Bruno est mort dans la guerre du Vietnam. Il avait pris la citoyenneté américaine.

** enfant adoptif

*** Aucune information sur les enfants et le père

Famille Dora

A-   Famille Désira Dora
B-   Famille Nicolas Dora
C-   Famille Emmanuel Dora
D-   Famille Olgan Dora

A-

Famille Désira Dora —
- Désira Dora (Père) —
  - Nicolas Dora
  - Olgan Dora
- Eliasine Clémenceau (Mère) —
  - Alphonse Dora
  - Désina Dora

B-

Famille Nicolas Dora —
- Nicolas Dora (Père) —
  - Emmanuel Dora
  - Ismael Dora
  - Saul Nathanael Dora
- Rose Marie Poteau (Mère) —
  - Denis Gémael Dora
  - Jeam Rosemond Dora
  - Jean Colin Dora
  - Nicolas Junior Dora

C-

Famille Emmanuel Dora —
- Emmanuel Dora (Père)
- Pierrette Romévil (Mère)

D-

Famille Olgan Dora —
- Olgan Dora (Père) —
  - Ema Dora
  - Edva Dora
- Idamène Bernadel (Mère) —
  - Junior Dora
  - Line Dora

Famille Franc

A-   Famille Dinor Franc
B-   Famille Francina Franc
C-   Famille Adrienne Franc
D-   Famille Arnold Franc

A-

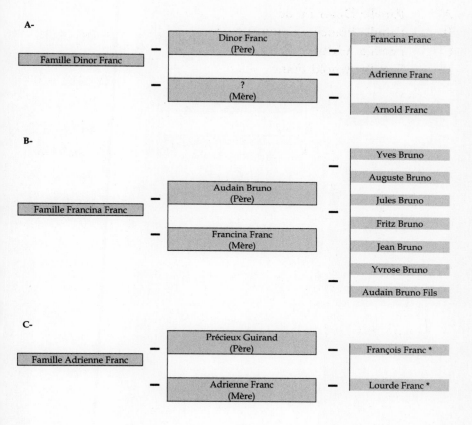

Famille Dinor Franc — Dinor Franc (Père) — Francina Franc / Adrienne Franc / Arnold Franc

— ? (Mère) —

B-

Famille Francina Franc — Audain Bruno (Père) — Yves Bruno / Auguste Bruno / Jules Bruno / Fritz Bruno / Jean Bruno / Yvrose Bruno / Audain Bruno Fils

— Francina Franc (Mère) —

C-

Famille Adrienne Franc — Précieux Guirand (Père) — François Franc * / Lourde Franc *

— Adrienne Franc (Mère) —

D-

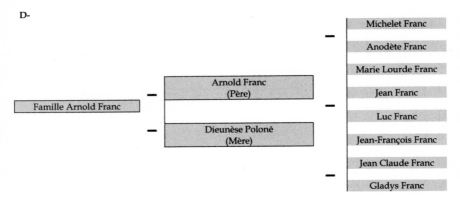

_____

* ont pris le nom de leur mère

344

Famille Gourdet
&
Famille Carenan

A- Famille Moise Gourdet

B- Famille Lucrèle Gourdet

C- Famille Guerda Gourdet

D- Famille Célange Gourdet

E- Famille Michel Gourdet

F- Famille Lyonel Gourdet

G- Famille Tido Gourdet

H- Famille Morigène Gourdet

I- Famille Morigène Gourdet

J- Famille Mercé Gourdet

K- Famille Mercé Gourdet

L- Famille Jean-Simon Gourdet

M- Famille Voltaire Carenan

N- Famille Dubrun Carenan

A-

Famille Moise Gourdet	—	Moise Gourdet (Père)	—	Lucrile Gourdet
			—	Morigène Gourdet
	—	Mercilia Faustin (Mère)	—	Mercé Gourdet
			—	Jean Simon Gourdet

B-

Famille Lucrèle Gourdet	—	Lucrèle Gourdet (Père)	—	Guerda Gourdet
			—	Célange Gourdet
	—	Esther Carénan (Mère)	—	Michel Gourdet
			—	Lyonel Gourdet
			—	Tiolo Gourdet

C-

| Famille Guerda Gourdet | — | ? (Père) | — | Cyndi Gourdet |
| | — | Guerda Gourdet (Mère) | | |

D-

| Famille Célange Gourdet | — | Célibataire – Pas d'enfant |

E-

Famille Michel Gourdet	—	Michel Gourdet (Père)	—	Michelet Gourdet
	—	? (Mère)	—	Michelène Gourdet
			—	Milange Gourdet

347

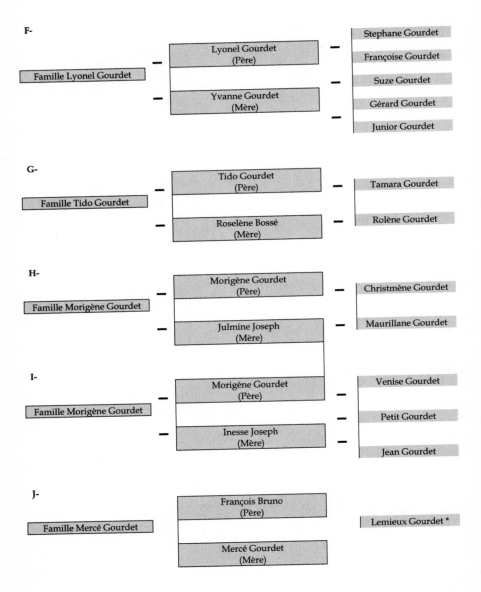

F-

Famille Lyonel Gourdet

Lyonel Gourdet
(Père)

Yvanne Gourdet
(Mère)

Stephane Gourdet

Françoise Gourdet

Suze Gourdet

Gérard Gourdet

Junior Gourdet

G-

Famille Tido Gourdet

Tido Gourdet
(Père)

Roselène Bossé
(Mère)

Tamara Gourdet

Rolène Gourdet

H-

Famille Morigène Gourdet

Morigène Gourdet
(Père)

Julmine Joseph
(Mère)

Christmène Gourdet

Maurillane Gourdet

I-

Famille Morigène Gourdet

Morigène Gourdet
(Père)

Inesse Joseph
(Mère)

Venise Gourdet

Petit Gourdet

Jean Gourdet

J-

Famille Mercé Gourdet

François Bruno
(Père)

Mercé Gourdet
(Mère)

Lemieux Gourdet *

348

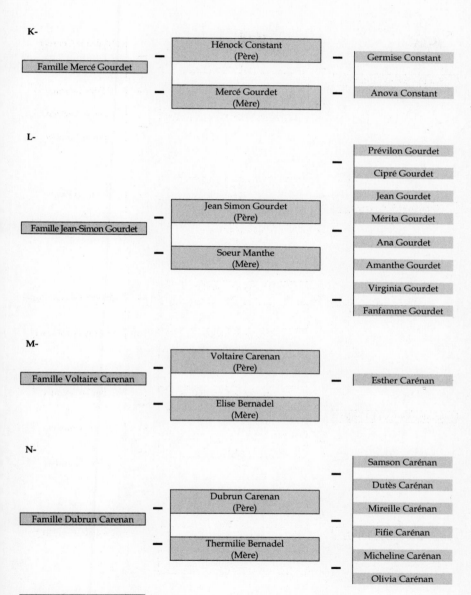

K-

Famille Mercé Gourdet

Hénock Constant
(Père)

Mercé Gourdet
(Mère)

Germise Constant

Anova Constant

L-

Famille Jean-Simon Gourdet

Jean Simon Gourdet
(Père)

Soeur Manthe
(Mère)

Prévilon Gourdet

Cipré Gourdet

Jean Gourdet

Mérita Gourdet

Ana Gourdet

Amanthe Gourdet

Virginia Gourdet

Fanfamme Gourdet

M-

Famille Voltaire Carenan

Voltaire Carenan
(Père)

Elise Bernadel
(Mère)

Esther Carénan

N-

Famille Dubrun Carenan

Dubrun Carenan
(Père)

Thermilie Bernadel
(Mère)

Samson Carénan

Dutès Carénan

Mireille Carénan

Fifie Carénan

Micheline Carénan

Olivia Carénan

---

* a pris le nom de sa mère

349

Famille Jacques

A-   Famille Saintnomme Jacques

A-

```
                                              ┌─ Isména Jacques
                          ┌─ Saintnomme Jacques │
                          │   (Père)             ├─ Arismé Jacques
Famille Saintnomme Jacques ┤                     │
                          │                      ├─ Néome Jacques
                          │   Ismène Pompé       │
                          └─  (Mère)             ├─ Surprise Jacques
                                                 │
                                                 ├─ Ifosine Jacques
                                                 │
                                                 └─ Antoine Jacques
```

353

Famille Jn-Louis

A- Trois frères Jn-Louis
B- Famille Anouce Jn-Louis
C- Famille Ledoix Jn-Louis
D- Famille Rénalus Jn-Louis
E- Autres membres de la famille Jn-Louis

A-

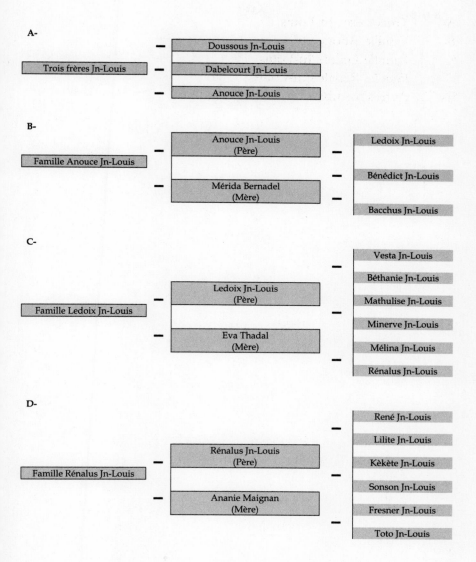

Trois frères Jn-Louis

Doussous Jn-Louis

Dabelcourt Jn-Louis

Anouce Jn-Louis

B-

Famille Anouce Jn-Louis

Anouce Jn-Louis
(Père)

Mérida Bernadel
(Mère)

Ledoix Jn-Louis

Bénédict Jn-Louis

Bacchus Jn-Louis

C-

Famille Ledoix Jn-Louis

Ledoix Jn-Louis
(Père)

Eva Thadal
(Mère)

Vesta Jn-Louis

Béthanie Jn-Louis

Mathulise Jn-Louis

Minerve Jn-Louis

Mélina Jn-Louis

Rénalus Jn-Louis

D-

Famille Rénalus Jn-Louis

Rénalus Jn-Louis
(Père)

Ananie Maignan
(Mère)

René Jn-Louis

Lilite Jn-Louis

Kèkète Jn-Louis

Sonson Jn-Louis

Fresner Jn-Louis

Toto Jn-Louis

357

E-

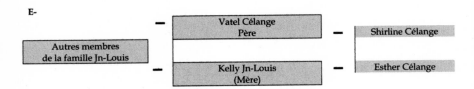

Autres membres
de la famille Jn-Louis

Vatel Célange
Père

Kelly Jn-Louis
(Mère)

Shirline Célange

Esther Célange

Famille Lafleur

A-   Famille Léger Lafleur

B-   Famille Devis Lafleur

C-   Autres enfants de Léger Lafleur

D-   Famille Delouis Lafleur

E-   Famille Lisselle Lafleur

F-   Famille Eugénie Lafleur

G-   Famille Dieula Lafleur

H-   Famille Luc Lafleur

I-   Famille Monique Lafleur

J-   Famille David Lafleur

K-   Autres membres de la famille Lafleur

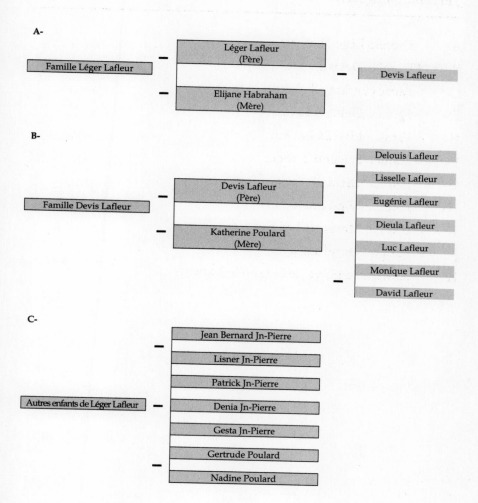

A-

Famille Léger Lafleur — **Léger Lafleur (Père)** / **Elijane Habraham (Mère)** — **Devis Lafleur**

B-

Famille Devis Lafleur — **Devis Lafleur (Père)** / **Katherine Poulard (Mère)** — Delouis Lafleur / Lisselle Lafleur / Eugénie Lafleur / Dieula Lafleur / Luc Lafleur / Monique Lafleur / David Lafleur

C-

Autres enfants de Léger Lafleur — Jean Bernard Jn-Pierre / Lisner Jn-Pierre / Patrick Jn-Pierre / Denia Jn-Pierre / Gesta Jn-Pierre / Gertrude Poulard / Nadine Poulard

D-

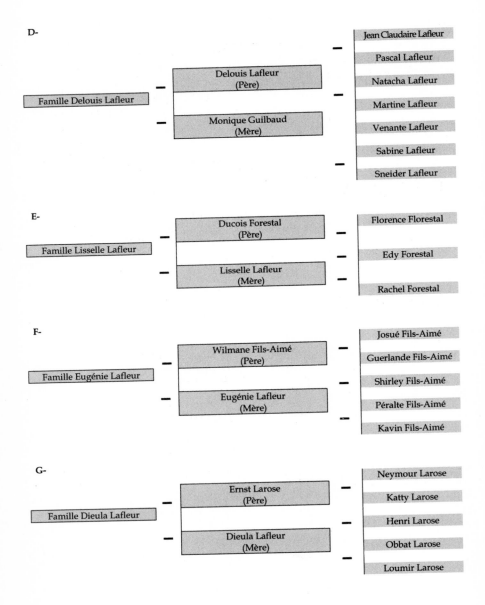

Famille Delouis Lafleur

Delouis Lafleur
(Père)

Monique Guilbaud
(Mère)

Jean Claudaire Lafleur

Pascal Lafleur

Natacha Lafleur

Martine Lafleur

Venante Lafleur

Sabine Lafleur

Sneider Lafleur

E-

Famille Lisselle Lafleur

Ducois Forestal
(Père)

Lisselle Lafleur
(Mère)

Florence Florestal

Edy Forestal

Rachel Forestal

F-

Famille Eugénie Lafleur

Wilmane Fils-Aimé
(Père)

Eugénie Lafleur
(Mère)

Josué Fils-Aimé

Guerlande Fils-Aimé

Shirley Fils-Aimé

Péralte Fils-Aimé

Kavin Fils-Aimé

G-

Famille Dieula Lafleur

Ernst Larose
(Père)

Dieula Lafleur
(Mère)

Neymour Larose

Katty Larose

Henri Larose

Obbat Larose

Loumir Larose

H-

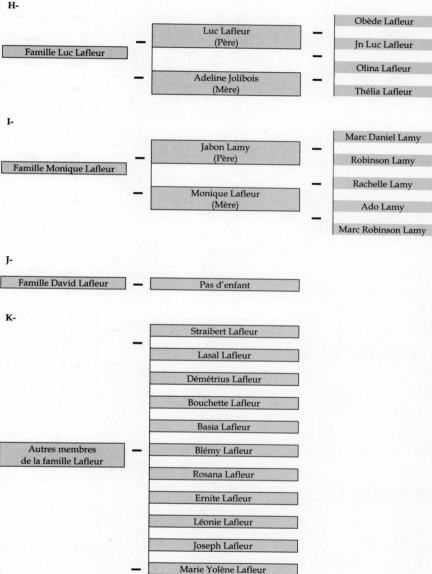

Famille Luc Lafleur

Luc Lafleur
(Père)

Adeline Jolibois
(Mère)

Obède Lafleur

Jn Luc Lafleur

Olina Lafleur

Thélia Lafleur

I-

Famille Monique Lafleur

Jabon Lamy
(Père)

Monique Lafleur
(Mère)

Marc Daniel Lamy

Robinson Lamy

Rachelle Lamy

Ado Lamy

Marc Robinson Lamy

J-

Famille David Lafleur — Pas d'enfant

K-

Autres membres
de la famille Lafleur

Straibert Lafleur

Lasal Lafleur

Démétrius Lafleur

Bouchette Lafleur

Basia Lafleur

Blémy Lafleur

Rosana Lafleur

Ernite Lafleur

Léonie Lafleur

Joseph Lafleur

Marie Yolène Lafleur

Alfred Lafleur

Bernadette Lafleur

Seta Lafleur

Lamoute Lafleur

Brière Lafleur

Lamercie Lafleur

Nacion Lafleur

Doï Lafleur

Abner Lafleur

Délius Lafleur

Larose Lafleur

Wilmane Lafleur

Denièse Lafleur

Mérilia Lafleur

Clérina Lafleur

Lagrace Lafleur

Saintamène Lafleur

Sonson Lafleur

Steeve Lafleur

Alfred Lafleur

Alain Roodens Lafleur

Naïka Roodens Lafleur

Achelain Roodens Lafleur

Bétanie Lafleur

Joseph Lafleur

Sergile Lafleur

Pierre Lafleur

Famille Lelièvre

A-   Famille Petit Lièvre Lelièvre
B-   Famille Matherone Lelièvre
C-   Famille Romener Lelièvre
D-   Autres membres de la famille Lelièvre
E-   Famille Pressone Lelièvre
F-   Famille Noralise Lelièvre
G-   Famille Annie Lelièvre
H-   Famille Kalou Lelièvre

A-

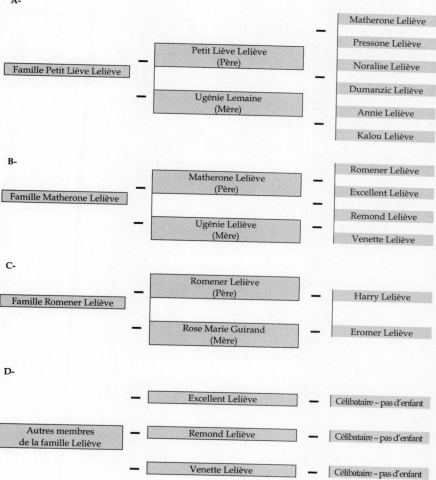

Famille Petit Lièvre Lelième

Petit Lièvre Lelième
(Père)

Ugénie Lemaine
(Mère)

Matherone Lelième

Pressone Lelième

Noralise Lelième

Dumanzic Lelième

Annie Lelième

Kalou Lelième

B-

Famille Matherone Lelième

Matherone Lelième
(Père)

Ugénie Lelième
(Mère)

Romener Lelième

Excellent Lelième

Remond Lelième

Venette Lelième

C-

Famille Romener Lelième

Romener Lelième
(Père)

Rose Marie Guirand
(Mère)

Harry Lelième

Eromer Lelième

D-

Autres membres
de la famille Lelième

Excellent Lelième

Remond Lelième

Venette Lelième

Célibataire – pas d'enfant

Célibataire – pas d'enfant

Célibataire – pas d'enfant

E-

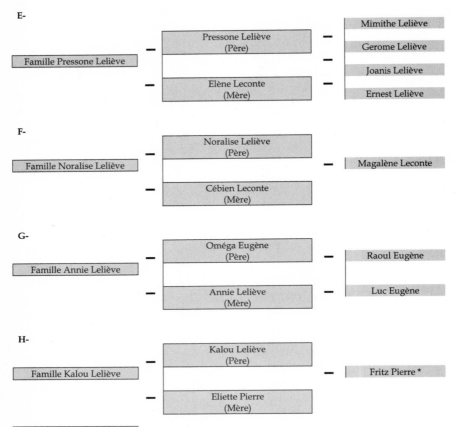

Famille Pressone Lelièvre

Pressone Lelièvre
(Père)

Elène Leconte
(Mère)

Mimithe Lelièvre

Gerome Lelièvre

Joanis Lelièvre

Ernest Lelièvre

F-

Famille Noralise Lelièvre

Noralise Lelièvre
(Père)

Cébien Leconte
(Mère)

Magalène Leconte

G-

Famille Annie Lelièvre

Oméga Eugène
(Père)

Annie Lelièvre
(Mère)

Raoul Eugène

Luc Eugène

H-

Famille Kalou Lelièvre

Kalou Lelièvre
(Père)

Eliette Pierre
(Mère)

Fritz Pierre *

---

* a pris le nom de sa mère

Famille Léveillé

A-   Famille Choule Guirand
B-   Famille Tilsina Guirand
C-   Famille Rosalène Léveillé
D-   Famille Françoise Guirand
E-   Famille Louis Guirand

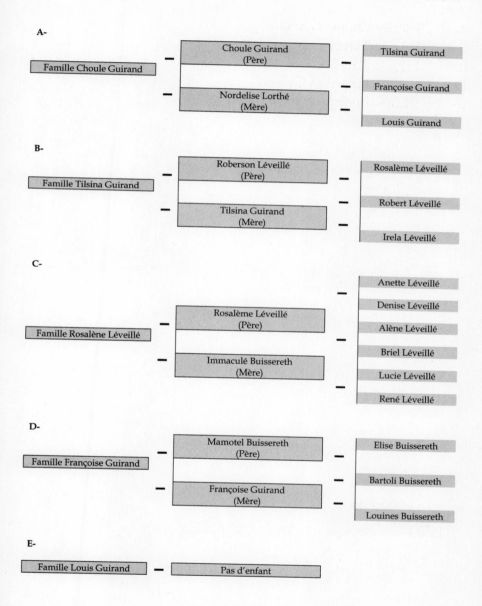

A-

Famille Choule Guirand —
- Choule Guirand (Père)
- Nordelise Lorthé (Mère)

- Tilsina Guirand
- Françoise Guirand
- Louis Guirand

B-

Famille Tilsina Guirand —
- Roberson Léveillé (Père)
- Tilsina Guirand (Mère)

- Rosalème Léveillé
- Robert Léveillé
- Irela Léveillé

C-

Famille Rosalène Léveillé —
- Rosalème Léveillé (Père)
- Immaculé Buissereth (Mère)

- Anette Léveillé
- Denise Léveillé
- Alène Léveillé
- Briel Léveillé
- Lucie Léveillé
- René Léveillé

D-

Famille Françoise Guirand —
- Mamotel Buissereth (Père)
- Françoise Guirand (Mère)

- Elise Buissereth
- Bartoli Buissereth
- Louines Buissereth

E-

Famille Louis Guirand — Pas d'enfant

371

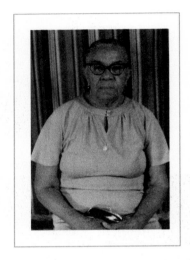

Monsieur & Madame Merisias Nazaire

Marie Laudé

Briel Léveillé
Thomas Francoeur

M. & Mme
Christian
Henry &
François
Brice

Famille Henry & Brice

Sandra Brice

Famille Henry & Brice

Famille
Jules Henry

373

Clarisse Hibert

Clarisse Hibert, sa fille
Chantal Hibert & ses
cousins

Clarisse Hibert,
Chantal Hibert,
Hyppolite Lalanne,
Pélissier Lalanne

Conclusion

❖

Très certainement, Fond-des-Blancs a été créé durant la période de colonisation de Saint-Domingue, allant de 1696 à 1804. A ce moment là, européens d'origine française et esclaves d'Afrique occupaient l'environnement. Cependant, comme les européens, les blancs comme on les appelait étaient en plus grand nombre, le nom de Fond-des-Blancs a été donné à cette communauté. Après l'indépendance en 1804, il y a eu l'implantation d'autres européens, la plupart des mercenaires polonais qui avaient trouvé en Fond-des-Blancs une terre d'exile. Comme conséquence de cette cohabitation, demeure aujourd'hui une population mixte au « teint clair » et au « teint noir » qui occupe cette espace.

La plupart des centenaires interrogés avancent que leurs ancêtres venaient de l'Anse-à-Veau, Petite Rivière de Nippes et de Côte de Fer. Cependant, d'après Moreau de Saint Mery[1] , la zone était appelée « Fond-des-Blancs » bien avant la révolution de 1804 et l'arrivée d'autres émigrants [2] comme les polonais qui ont reçu des terres en récompense à Fond-des-Blancs.

D'après Anthony Balzano, [3] beaucoup de gens étaient au courant de leurs liens génétiques polonais bien avant l'élection du Pape Jean Paul II (Karol Wojtyla) en 1978 et de sa visite en Haïti en 1983. L'inclusion de l'héritage polonais dans l'histoire ethnologique de Fond-des-Blancs est d'origine récente.

Il n'existe aucune trace sur la tradition, les coutumes et la langue d'origine polonaise parmi les Fond-des-blancois. Ce qui est certain, c'est l'arrivée des colons européens au 18ème siècle qui ont donné le nom de Fond-des-Blancs. Après la révolution, les européens qui sont restés sont rejoints et remplacés par des polonais. Quelque temps après l'in-

375

dépendance, des haïtiens des villes côtières, de phénotype inconnu, se sont établis à Fond-des-Blancs et se sont mariés avec ceux qui existaient de résidents polonais, français et haïtiens, ou les ont remplacés entièrement.

[1]Moreau de Saint Mery - 1797
Description topographique, physique, civile, politique et historique de la partie française de l'île de Saint-Domingue Paris.
 Pachonski, Jan and Reuel K. Wilson - 1986
Poland's Carribean Tragedy - A study of Polish legions in the Haitian war of independence - New York - Columbia University
A History of Fond-des-Blancs, souttenu en Haiti, 11 pages dactylographiés - 1997

Informations personnelles sur l'auteur

Férauld Maignan

Renseignements personnels

Nom :   Maignan
Prénom :   Férauld
Date de naissance :   20 septembre 1934
Lieu de naissance :   Fond-des-Blancs, Haïti
Statut matrimonial :   Marié – 4 enfants et 7 petits
                                   enfants
Langues parlées et écrites :   Français, anglais, espagnol

Éducation et expérience professionnelles

Études primaires :   1942 – 1946
                                   Frères du Sacré-Cœur
                                   Miragoâne, Haïti

Études secondaires: 1946 – 1955
                                   Institution Saint Louis de Gonzague
                                   Port-au-Prince, Haïti

Études universitaires :   1955 – 1959
                                   Faculté d'Agronomie, Université
                                   d'État d'Haïti Port-au-Prince, Haïti

Études post-universitaires: 1961 – 1962
                                   Institut Interaméricain des Sciences
                                   Agricoles

Organisation des États Américains
Turrialba, Costa Rica
Diplomé Magister Agriculturae/
Master of Science
Voyage d'études à Panama et au
Vénézuela dans le cadre de
l'Organisation des États Américains

1963 -1964
Stage de perfectionnement en France

Institut National Agronomique (INA)
Paris, France

Institut National de la Recherche
Agronomique (INRA) Versailles,
France

Centre National de la Recherche
Zootechnique (CNRZ) Jony-en-Josas,
France

Institut d'Élevage et de Médecine
Vétérinaire des Pays Tropicales
(IEMVPT) Alfort, France

Centre National de la Recherche
Scientifique (CNRS), Toulouse,
France

Institut du Pétrole – Centre GEO
TECHNIP
La Celle Saint-Cloud, France

Vie Professionnelle

Au niveau national :

Juillet 1959 – août 1964
Agronome, Ministère de l'Agriculture
des Ressources Naturelles et du
Développement Rural - Damien
Port-au-Prince, Haïti

Assistant Directeur
Station Expérimentale Bovine –
Section d'élevage – Ministère de
l'Agriculture

Directeur a.i.
Ferme de Recherche - Damien
Ministère de l'Agriculture

Directeur a.i.
Station Expérimentale National
Agricole – Section d'élevage -
Ministère de l'Agriculture

Professeur d'Alimentation du bétail et
de travaux pratiques
Faculté d'Agronomie – Damien

Professeur d'Agronomie
École Ménagère de Martissant
Ministère de l'éducation Nationale
ort-au-Prince

379

Au niveau international:

Septembre 1964 - Juillet 1968
Expert Agricole, Fonctionnaire de
l'Organisation des Nations Unies pour
l'Alimentation (FAO) dans le cadre du
Programme Élargi d'Assistance
Technique - EPTA - Algérie

Août 1968 - janvier 1971
Expert Agricole - Fonctionnaire de
l'Organisation des Nations Unies pour
l'Alimentation et l'Agriculture (FAO)
dans le cadre du projet
"Développement Intégré des
Zones Pastorales et Agricoles en
Algérie" financé par le Fonds Spécial
du Programme des Nations Unies
pour le Développement (PNUD)

Février 1971 - novembre 1971
Fonctionnaire de l'Organisation des
Nations Unies pour l'Alimentation et
l'Agriculture (FAO) dans le cadre du
projet " Revalorisation de l'Agriculture
en sec au Maroc " financé par le
Fonds Spécial du Programme des
Nations Unies pour le
Développement (PNUD)

Décembre 1971 - janvier 1978
Fonctionnaire de l'Organisation des
Nations Unies pour l'Alimentation et

380

l'Agriculture (FAO) dans le cadre du projet " Institut National Forestier " financé par le Programme des Nations Unies pour le Développement (PNUD)

Février 1978 - juillet 1978
Fonctionnaire de l'Organisation des Nations Unies pour l'Alimentation et l'Agriculture (FAO) dans le cadre du projet " Renforcement de l'Institut National Agronomique - HASSAN II - Maroc " financé par le Programme de Coopération technique de la FAO - TCP

Août 1978 - novembre 1979
Cadre supérieur - Directeur du "Projet FAO - Développement intégré de l'élevage, des pâturages et de l'agriculture dans la JAMRIYAS Arabe Libyenne " financé par le Fonds de Dépôt des Nations Unies

Décembre 1979 - septembre 1984
Fonctionnaire de l'Organisation des Nations Unies pour l'Alimentation et l'Agriculture, Service de la Production et de la Protection des Plantes, Rome, Italie, dans le cadre du programme régulier de l'Organisation.

Octobre 1984 - novembre 1994

Cadre supérieur - Fonctionnaire de
l'Organisation des Nations Unies pour
l'Alimentation et l'Agriculture (FAO)
Service de la Production et de la
Protection des Plantes, Rome, Italie

Novembre 1994 - Retraite anticipée,
après trente ans et trois mois de ser
vice continu au sein de l'Organisation
des Nations Unies pour
l'Alimentation et l'Agriculture

Novembre 1995 - août 1995
Plusieurs missions de consultations
internationales dans le cadre de la
Banque Mondiale, de la Banque
Interaméricaine de Développement,
de l'Union Européenne et du
Programme Alimentaire Mondiale
(PAM)

Août 1995 - juin 1996
Ministère de l'Agriculture, des
Ressources
Naturelles et du Développement
Rural - Haïti, dans le cadre du pro-
gramme TOKTEW financé par le
Programme des Nations Unies pour
le Développement (PNUD).

Juillet 1996 - décembre 2000
Directeur Général, Caritas Nationale
d'Haïti Port-au-Prince, Haïti

Décembre 2000 - à ce jour
Consultant international
Consultant bénévole au service de
certaines organisations non gouverne-
mentales à but non lucratif, en Haïti -
Préparation de ses mémoires
et autres documents utiles.

Autres informations personnelles

48 ans d'expérience dans le domaine
du développement et de la production
agricole, de l'élevage, de l'aménagement des pâturages, et d'assistance
dans des pays en voie de développement

30 ans de service continu dans
l'Organisation des Nations Unies pour
l'Alimentation (FAO) - 15 ans sur le
terrain et plus de 15 ans au Siège,
Rome, Italie

Cinq ans de service au Ministère de
l'Agriculture, des Ressources
Naturelles et du Développement
Rural, Damien, Haïti

Mission et voyages officiels dans plus
de 100 pays, en Asie, Afrique, Europe,

383

Moyen Orient, Amérique du Nord,
Amérique du Sud, Amérique Centrale,
Grandes Antilles, les Caraïbes

Publication de plus de 100 documents
scientifiques, techniques ou rapports
Grande expérience dans les pays en
voie de développement

Grande expérience dans des institutions de bienfaisance et de charité
comme la CARITAS, et dans des travaux humanitaires et de désastre

Grande expérience dans le développement rural, la formulation, la gestion,
l'évaluation, l'exécution, la program-
mation et la coordination des projets

Parle et écrit couramment le français,
l'anglais, l'espagnol et le créole.
Connaissance limitée de l'Italien et de
l'Arabe Bibliographies

Bibliographies

- ST. JUSTE, Laurore et Frère Enel CLERISME, Présence Polonaise en Haïti, 1983, 57 p.

- WINGIELD, Roland, Voyage en Haïti, 1990, 300 p.

- BETTO, Frei, Fidel y la religion, Oficina de publicaciones del consejo de Estado, la Havana, 1989, 379 p.

- DE SAINT MERY, Moreau, Description topographique, physique, civile, politique et historique de la partie française de l'île de Saint Domingue, Paris, 1997.

- PARCHONSKI, Jan and Reuel K. WILSON, Poland's Carribean Tragedy - A study of polish legions in the Haitian war of independence, New York, Columbia University, 1986.

- BALZANO, Anthony, A History of Fond-des-Blancs southern Haïti, dactylographiés, 1997, 11 p.